国家“十三五”重点图书

当代经济学系列丛书
Contemporary Economics Series
主编 陈昕

（第二版）

鲁宾斯坦微观经济学讲义

[美] 阿里尔·鲁宾斯坦 著
曹小勇 译

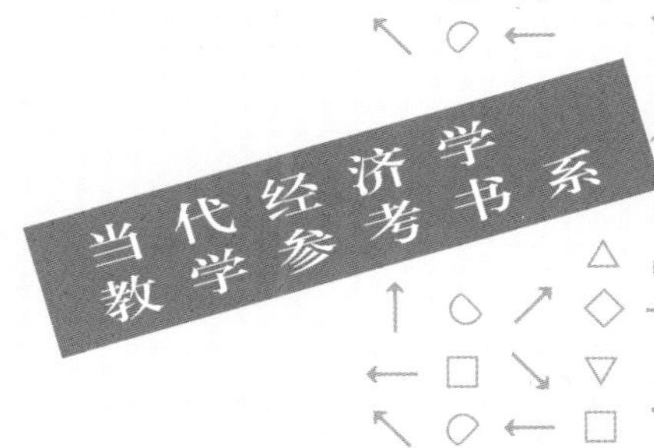

格致出版社
上海三联书店
上海人民出版社

主编的话

上世纪80年代，为了全面地、系统地反映当代经济学的全貌及其进程，总结与挖掘当代经济学已有的和潜在的成果，展示当代经济学新的发展方向，我们决定出版"当代经济学系列丛书"。

"当代经济学系列丛书"是大型的、高层次的、综合性的经济学术理论丛书。它包括三个子系列：(1)当代经济学文库；(2)当代经济学译库；(3)当代经济学教学参考书系。本丛书在学科领域方面，不仅着眼于各传统经济学科的新成果，更注重经济学前沿学科、边缘学科和综合学科的新成就；在选题的采择上，广泛联系海内外学者，努力开掘学术功力深厚、思想新颖独到、作品水平拔尖的著作。"文库"力求达到中国经济学界当前的最高水平；"译库"翻译当代经济学的名人名著；"教学参考书系"主要出版国内外著名高等院校最新的经济学通用教材。

20多年过去了，本丛书先后出版了200多种著作，在很大程度上推动了中国经济学的现代化和国际标准化。这主要体现在两个方面：一是从研究范围、研究内容、研究方法、分析技术等方面完成了中国经济学从传统向现代的转轨；二是培养了整整一代青年经济学人，如今他们大都成长为中国第一线的经济学家，活跃在国内外的学术舞台上。

为了进一步推动中国经济学的发展，我们将继续引进翻译出版国际上经济学的最新研究成果，加强中国经济学家与世界各国经济学家之间的交流；同时，我们更鼓励中国经济学家创建自己的理论体系，在自主的理论框架内消化和吸收世界上最优秀的理论成果，并把它放到中国经济改革发展的实践中进行筛选和检验，进而寻找属于中国的又面向未来世界的经济制度和经济理论，使中国经济学真正立足于世界经济学之林。

我们渴望经济学家支持我们的追求；我们和经济学家一起瞻望中国经济学的未来。

陈昕

2014年1月1日

序

这本小册子是我的教学讲义的第二版，它主要面向经济学博士研究生或硕士研究生，用于微观经济学课程前四分之一个学期的教学。这本教学讲义是我在特拉维夫大学、普林斯顿大学和纽约大学任教的20年间所积累与完善起来的。

2007年这本讲义首次出版并在其后每年不断完善。刚出版的时候，我心中有些许犹豫。因为市面上已经有一些类似的非常优秀的教材了。其中，我最欣赏Kreps(1990)，这本教材首次将博弈论从研究论文引入教科书，书中包含了许多高深的内容以及许多有助于后续研究的思想。其最近的一本书(Kreps，2013)的一本书则更好，是我在研究生课程教学中最喜爱的一本参考书了。

在我的教科书清单中还有另外四本喜爱的书值得推荐：Mas-Colell、Whinston和Green(1995)是一本非常全面并且详尽的教材。Bowles(2003)将经济学带回到了真正的政治经济学根源。Jehle和Reny(1997)是一本非常严谨的教材。Varian(1984)则堪称经典。以上五本高级微观经济学教材均令人印象深刻。本讲义只涵盖了标准课程四分之一学期的内容。出版此份讲义的目的并不是要与这些书一争高下，而是想让它成为以上教材的补充。我认为其中的有些教学思想可能会有益于各位师生，为此我坚持保留了这种课程讲义的格式。

下载最新讲义

本讲义已上传到了互联网上，而且下载完全免费。在此，我非常感谢普林斯顿大学出版社在本讲义出版时便提供了免费下载服务。自2007年以来，我每年都对讲义进行更新，增添材料并更正错误。我还计划继续每一年都对本讲义进行一次修订。要想获取讲义的最新电子版，请访问以下网址：http://arielrubinstein.tau.ac.il/microl/。

习题解答

本课程的教师也可以获取到最新版本的习题解答手册。我将尽我所能把手册只发送给研究微观经济学课程的老师。该手册可通过以下网址进行申请：http://gametheory.tau.ac.il/microtheory。

性　别

通贯全书，我只使用了男性代词，这是我有意为之，并不是编辑或出版商的要求。我认为过分地去谈论性别问题只会分散读者的注意力。诚然，语言在塑造我们思维的过程中非常重要，并且，我也不否认所使用的语言类型的重要性。但我认为，只有在探讨与性别相关的问题时，强调女性性别歧视才是更有效的做法，而不必对一本经济理论教材的每一句措辞过于苛责。

致　谢

另外，我要对我所有的助教致谢，在我讲授这门课程的数年中，他们给予了本讲义许多意见和评价。他们是：特拉维夫大学的 Rani Spiegler, Kfir Eliaz, Yoram Hamo, Gabi Gayer 和 Tamir Tshuva；普林斯顿大学的 Bilge Yilmaz, Ronny Razin, Wojciech Olszewski, Attila Ambrus, Andrea Wilson, Haluk Ergin 和 Daisuke Nakajima；纽约大学的 Sophie Bade 和 Anna Ingster。Sharon Simmer 和 Rafi Aviav 在英文编辑上给了我很多帮助；Avner Shlain 帮我准备了索引；特别感谢 Rafi Aviav 和 Benjamin Bachi 在本册讲义的修订方面作出的贡献。

前 言

作为一名刚入学的研究生，你正处于人生新阶段的开端。在未来的几个月时间里，你的头脑将被各种定义、概念和模型所填满。老师们将带你领略经济学的奇观，却很少有时间停下来与你探讨有关模型含义的基本问题。你将很可能被那些貌似专业的语言和隐含的假设洗脑。恐怕我现在就要把你带入这个不可避免的过程中了。同时，我想借这个机会暂停片刻以作提醒，其实许多经济学家对经济理论究竟为何物这一问题的答案有着强烈的主观性，且时常还会互相冲突。有人视之为可以（或应该）被检验的**一组理论**。另一些人把它看作是经济人使用的**工具箱**。还有人则认为它是一个**框架**，专业经济学家们通过它来观察世界。

我所持的观点，或许会使那些带着实用主义动机来学习这门课的人失望。在我看来，经济学理论不过是进行**概念探究**的一个场域而已，而这些概念则是我们在现实生活中思考经济学相关问题时所用到的。正是那些我们从经济问题的现实推理中所撷取的、被我们视作研究对象的概念，使得这些理论模型成为了“经济学”。通过对这些概念的研究，我们确实在尝试着更好地理解现实，并且，这些经济模型提供了一种语言，使我们能够系统地思考经济世界的相互作用。然而我并不认为经济模型是用来描述世界的，也不认为它可以作为预测未来的工具。我反对在经济学理论中寻求终极真理，而且，我也不期望它成为任何政策建议的基础。经济理论中毫无"神圣"可言,一切皆是像你一样的人们所创造的。

总的来说,这门课程讨论了一个特定类别的经济学**概念和模型**。虽然我们将学习一些正式的概念和模型,但是我们总会对它们作出经济解释。经济模型极大地区别于纯粹的数学模型,它实质上是数学模型与**经济解释的综合**。并且,数学名称是经济模型**不可或缺**的组成部分。当数学家们使用"域"和"环"这样的常用术语时,也只是为了方便而已。他们之所以把一组集合称为"滤子",是因为联想到该集合与过滤器的形状相似;按照这个道理,他们也可将其称为"冰淇淋锥形杯"。他们在使用"良序"这个术语时也并未作出道德判断。与数学相比,经济解释是任何一个经济模型至关重要的组成部分。

"模型"这个词听起来比"寓言"或"童话"的表述更科学,但我并不觉得它们之间存在区别。寓言的作者构建了一个与现实生活平行的情境,并通过它向读者传递一些道德理念。寓言是介于幻想与现实之间的虚构情景。任何一个寓言都可以被解读为脱离现实或简单化的故事,但这同时也是寓言的优点。寓言因其介于幻想与现实之间的特点,摒除了无关紧要的细节和琐碎烦人的头绪。在这种无拘无束的状态下,我们能够清晰地辨别出那些不能从现实世界观察到的事物。在我们回归现实的过程中,我们拥有合理的建议或相关的论据,并将其应用于现实世界中。经济理论也遵循同样的轨迹。因此,一个优质的经济理论模型,就好比一段深刻的寓言故事,确定了主旨并围绕主旨对其进行阐述。我们所拥有的思维活动,往往只是松散地与现实相连,并且已丢失了大部分真实的特征。然而,正如一段深刻寓言故事,一个优质的经济模型中仍保留了关键要素。大家可以将本书视作我试图向人们介绍经济学寓言中人物故事之举。我们首先观察到各个独立的角色,进一步通过市场和博弈的模型,研究他们之间的互动关系。

我希望你们中的一些人有挑战"权威"的勇气,尝试着去改变我们所谓的经济学理论;也希望你们能以新的眼光去看待经济和社会的相互作用。最基本地,这门课程应当教会你如何对经济模型提出尖锐的问题,以及理解经济学模型对我们现实经济活动的意义。我希望当你完成本课程学习的时候,能够清晰地认识到:有时候问题的答案并不是显而易见的。

微观经济学

在本门课程中,我们仅学习微观经济学的内容,主要包括一系列的经济学模型。在这些模型中,最主要的对象就是我们所说的**"经济人"**的行为。微观经济模型是研究假设的一类模型,这些假设包括经济人行为假设和经济人相互作用的假设。经济人是模型中的基本单位。当我们要去构建一个包含某个特定经济场景的模型时,我们可能会相应地改变经济人的某些假设,允许建模者有一定的自由空间。但在大多数模型中,我们脑海中的经济人确实是一个活生生的人。然而,在某些特定的经济模型中,经济人也被设定为一个国家、一个家庭或者一个议会。甚至在有些模型中,这个"经济人"被分解成个体的集合,每一个分解个体在不同的情境中进行活动，且每一个分解个体又被视为独立的经济人。

对于“微观经济学中的经济人概念不局限于一个自然人”的说法，我们不应过此欢欣鼓舞。经济理论普适性的特点可能会将我们引入歧途。我们必须小心谨慎，并且意识到一点：当我们把一个群体视作一个经济人时，对其附加的合理假设将截然不同于附加于单一个体的假设。比如说，虽然谈论个人的意志是件很自然的事，但当一个群体中的成员个人偏好不尽相同的情况下，再去谈论这个群体的意志便是不科学的。

经济人是模型的单位，他对经济场景的反应，称为**选择问题**，经济人需从一组可得的备选集里作出一个选择。微观经济模型中的经济人拥有特定的思考过程以作出决策。在当今大多数经济理论中，该思考过程即所谓的**理性**选择。经济人通过以下三个步骤作出将采取何种行动的决策：

1. 自问“哪些选择是合意的”；
2. 自问“哪些选择是可行的”；
3. 从可行的备选集中选出最合意的选择。

注意这几个步骤的顺序。特别值得一提的是，个人欲望形成的过程先于可行备选方案被识别的过程，因此，理性经济人的欲望是独立于备选集的。同时，应注意到经济学中的理性并不包含对欲望的价值判断。即使在全世界看来某些偏好是违背个人利益的，但一个理性的经济人却很可能拥有这些偏好。

此外，经济学家们应充分意识到，几乎所有人在几乎所有的时间条件下并没有进行以上的思考过程。然而，直到最近，大多数经济学家们的实践依然是作出更多进一步强调经济主体的物质欲望的假设，却轻视了心理动机的作用。近年来，随着“经济学与心理学”方法的发展，这种做法有所改变。尽管如此，我们发现，对遵循理性过程的经济人进行研究仍具有重要意义，因为我们常常将生活中所做的理性决策视为理想过程。即使在一个充满邪恶的社会中，谈论“行善”的概念也是有意义的；同样地，即使所有的人都完全表现出非理性，我们谈论理性经济人的概念及其之间的相互作用，仍是有意义的。

参考书目

关于我对经济理论观点的扩展讨论，可参见鲁宾斯坦(Rubinstein，2006)，以及我的轻学术作品鲁宾斯坦(Rubinstein，2012)。

目 录

▶第 1 讲

偏　好

1.1　偏好

现在，我们即将要把经济人引入经济学模型。在此之前，我们需要对经济人的哪些抽象特征加以明确呢？我们或许会考虑他的姓名、年龄、性别、个人经历、大脑结构、认知能力及情感状态等特征。但在大多数经济学理论中，我们往往只考虑经济人对相关集合中元素的态度，通常我们假定他们以**偏好**(preferences)的形式来展现自己的态度。

我们将通过建模“训练”开始本门课程：对偏好的概念进行“适当”的形式化处理。尽管我们的最终目的是构建理性选择模型，但对偏好这个概念的阐述仍需独立于选择的概念。这种做法很正常。偏好是由经济人自身所固有的，而不是由具体选择所面临的背景环境所决定的。比如说，我们可以谈论一个人对绘画大师作品的审美能力，但也许他从未基于自己的偏好作出过这种美学判断。即使一个经济人并不相信超自然现象，但在面对明天登上火星和穿越时光或者成为大卫王的选择时，他仍有自己的偏好。

想象一下，你想完全描述一个经济人对一个给定集合 X 中所含元素的偏好。譬如，在不清楚你将被哪所大学录取的情况下，你想要描述自己对已申请学校的态度。那么，你的描述中必须包含什么内容呢？它又必须满足什么条件呢？

我们采取这样的方法，对偏好的描述应当完整地确定这个人对集合 X 中的每组元素的态度。对于每一组备择项来说，它应该可以回答这样的问题：此人如何比较这两个备择项。我们对此问题提供了两个问题表。对每一个问题表，我们构建了一致性条件，这是使对问题的回答成为“偏好”的必要条件，我们还进一步研究了这两种形式化方法之间的联系。

1.2　问题表 Q

现在，我们将集合 X 上的偏好看作是对一个问题表 Q 所作的**答案**。该问题表包含了如下类型的所有测试问题：

$$Q(x,\ y)(\text{对任意的 } x,\ y \in X,\text{且 } x \neq y)$$

你如何比较 x 和 y？在下面三个选项中勾选出唯一的答案：

□ 我对 x 的偏好超过 y（答案记为 $x \succ y$）。

□ 我对 y 的偏好超过 x（答案记为 $y \succ x$）。

□ 我对它们的偏好无差异（答案记为 I）。

对于这个问题表，一个“合格的”答案便是答题者在每一个问题的答题框前仅仅勾选了唯一的答案。我们不允许答题者不作答或对同一个问题勾选多个答案。此外，我们通过限制上述问题的三个可选项，排除了答题者表示自己没有比较能力的情况，如：

□ 它们是不可比的。

□ 我不清楚 x 是什么。

□ 我没想法。

□ 我对 x 的偏好超过了 y，同时，我对 y 的偏好超过了 x。

我们也不允许答题者的答案依赖于其他因素，比如：

□ 答案取决于我父母的想法。

□ 答案取决于环境如何（我有时更偏好 x，但通常情况下，我更偏好 y）。

我们也不允许答题者的答案表现出偏好的强烈程度，比如：

□ 我有点喜欢 x。

□ 我很喜欢 x，极讨厌 y。

对合格答案所附加的限制条件，构成了我们的隐含假设。尤为重要的假设是：集合 X 中的元素都是可比的；不考虑答题者偏好的强烈程度。

该问题表的合格答案可以抽象为一个函数 f 来表述，这个函数给 X 中的不同元素所组成的任意一组元素 (x, y)，赋定以下三"值"之一：$x \succ y$，$y \succ x$ 或 I。我们将其解释为：$f(x, y)$ 是问题 $Q(x, y)$ 的答案。（或者，我们可以使用"足彩业"的术语，$f(x, y)$ 必须的取值仅限于为 1，2 或×，×可解释为：$f(x, y)=1$ 表示 x 比 y 好；$f(x, y)=2$ 表示 y 比 x 好，$f(x, y)=\times$ 表示无差异。）

并不是所有的合格答案都适合用来表示**集合 X 上的偏好**。我们须采用两个"一致性"约束。

第一，$Q(x, y)$ 的答案必须与 $Q(y, x)$ 的答案完全一致。换言之，我们必须排除常见的"框架效应"（framing effect），这个效应常使答题者在比较两个备择项时，总会偏向"第一个"。

第二，我们要求答案具有"传递性"。换言之，$Q(x, y)$ 和 $Q(y, z)$ 的答案必须与 $Q(x, z)$ 的答案相一致，其可表述为：若"x 偏好于 y"，且"y 偏好于 z"，则有"x 偏好于 z"；并且，如果 $Q(x, y)$ 和 $Q(y, x)$ 的答案之间是"无差异"，那么，$Q(x, z)$ 的答案也必然如此。

总结一下，现在给出我最满意的偏好的概念：

定义 1

集合 X 上的偏好就是函数 f，该函数为集合 X 中的不同元素所构成的任一元素组 (x, y) 只赋定以下三"值"之一：$x \succ y$，$y \succ x$ 或 I；因此，对于 X 中的任意三个元素 x，y 和 z，以下的两个性质须成立：

- 无序效应：$f(x, y)=f(y, x)$。
- 传递性：

若 $f(x, y)=x \succ y$ 且 $f(y, z)=y \succ z$，则有 $f(x, z)=x \succ z$；

若 $f(x, y)=I$ 且 $f(y, z)=I$，则有 $f(x, z)=I$。

再次提请注意：I，$x \succ y$ 和 $y \succ x$，只是"文字答案"的符号表示。

但毋庸赘言，符号的选择并不是一件随心所欲的事情。（为什么我使用 I 而不是使用 $x \sim y$？）

1.3 讨论：传递性

传递性是偏好极具吸引力的一个性质。倘若有人告诉你他具有如下的偏好：x 偏好于 y，y 偏好于 z 且 z 偏好于 x，你会作何反应呢？你或许会感到他的偏好“混乱不堪”。此外，当人们发现自身答案出现了“非传递性”时，往往感到困惑并且希望改变自己的答案。

在讲授本课之前的一些场合，我要求学生们填写了一张类似于 Q 的问题表，在集合 X 中包含了 9 个备择项，每一个备择项确定了一套旅行计划的如下四个特征：地点（巴黎或罗马），价格，饮食质量，住宿条件。该问题表仅包含了 36 个问题，因为对于每一组备择项 x 和 y 来说，$Q(x, y)$ 和 $Q(y, x)$ 中只有一个问题被随机选择并置于问题表中（因此在该实验框架下，与答案排列顺序的依赖性是无法检验的。）在作答此问卷的 458 名学生中，仅有 57 名（占比 12%）同学的答案没有出现“非传递性”。存在非传递性、三个一组的问题的平均数量，大约是 7 个。许多违反传递性的情形出现在问题表述一样，但描述特征的出现次序不一样的两个备择项中。例如这样两个描述：“在巴黎度周末，住在四星级酒店，伙食质量为 Zagat 17，所需费用为 ＄574”和“在巴黎度周末，所需费用为 ＄574，饮食质量为 Zagat 17，住在四星级酒店”，所有的学生都认为这二者无差异，但将这两个备择项同第三个备择项——“在罗马度周末，住五星级酒店，饮食质量为 Zagat 18，所需费用为 ＄612”——作比较时，有四分之一的学生作出的回答违背了传递性。

不管传递性条件的吸引力如何大，仍需注意的是，当我们假设个人对备择项组的态度具有传递性时，我们就排除了那些基于会导致系统性违背传递性法则的“思想过程”作决策的人。下面给出两个这样的例子：

1. 想法的汇总造成非传递性。在一些情形中，个人的态度来自更多基本想法的汇总。譬如，在如下的情形中：$X = \{a, b, c\}$，个人在心中有三个最初的想法。倘若大部分的想法都支持 x 这个备择项，而不是 y 这个备择项，那么这个人便认为备择项 x 优于备择项 y。这个汇总的过程可能会产生非传递性。譬如，如果这三种想法对备择项的排序如下：$a \succ_1 b \succ_1 c$，$b \succ_2 c \succ_2 a$ 和 $c \succ_3 a \succ_3 b$，那么这个人的想法就会出现 a 优于 b，b 优于 c，而 c 反过来又优于 a 的结果，从而违背了传递性的规则。

2. 相似性的使用阻碍了传递性。在一些情形中，个人在面对两个“过于相似”以至于不能区分的元素的比较时，也许会得出两者无差异的结论。譬如，设 $X=\mathbb{R}$（实数集合），考虑一个持有“越多越好”态度的个人；然而，他发现很难确定 a 是否大于 b，除非它们之间的差值至少为 1。他的赋值为：$x \geqslant y+1$，则有 $f(x, y)=x \succ y$；若 $|x-y|<1$，则有 $f(x, y)=I$。因为 $1.5 \sim 0.8$ 且 $0.8 \sim 0.3$，但 $1.5 \sim 0.3$ 却非真，所以这不是一个偏好关系。

我们的条件是不是太少了？对于我们的定义，另一个潜在的批评就是，我们的假设条件可能太弱了，或者，我们并没有对偏好的概念附加一些进一步的合理约束。即我们或许可以将其他相似的一致性条件附加到合格的答案上，以使其更好地描述偏好。譬如，若 $f(x, y)=x \succ y$ 且 $f(y, z)=I$，自然地有 $f(x, y)=x \succ z$。然而，这个额外的一致性条件并未包含在上述定义中，因为我们可以从其他的条件得出如下结论：若 $f(x, y)=I$，由题设知 $f(y, z)=I$，并由无序效应可知 $f(z, y)=I$，根据传递性，我们便得出 $f(x, y)=I$（此结果与题设矛盾）。再比如说，若 $f(x, z)=z \succ x$，由无序效应知 $f(z, x)=z \succ x$，且 $f(x, y)=x \succ y$，由传递性得出 $f(z, y)=z \succ y$（此结果与题设矛盾）。

同样地，应注意到对任意偏好 f，若 $f(x, y)=I$ 且 $f(y, z)=y \succ z$，则 $f(x, z)=x \succ z$。

1.4 问题表 R

第二种考虑偏好的方法，就是通过一个想象的问题表 R，这个表中包含如下类型的所有问题：

$R(x, y)$(对所有的 x, $y \in X$, x 与 y 可以相同)。

“x 是否至少与 y 一样被偏好呢?”在下面的两个选项中勾选出答案(单选题):

□ 是。

□ 否。

一个“合格的”答案是指答题者在每个问题的作答中仅勾选了一个答案。

为将这些合格的答案视为偏好,仍须满足以下两个条件:

1. 对于 $R(x, y)$ 和 $R(y, x)$ 这两个问题,至少一个问题的答案必须为“是”。(特别地,当一个愚蠢的问题 $R(x, y)$ 出现在问题表中时,它的答案必须为“是”。

2. 对于每一个 x, y, $z \in X$,若问题 $R(x, y)$ 和 $R(y, z)$ 的答案都为“是”,那么问题 $R(x, z)$ 的答案也一定为“是”。

若问题 $R(x, y)$ 的回答为“是”,我们用集合 X 的二元关系$\succsim$来确定这个答案,并表示为 $x \succsim y$。

(提示:X 上的 n 元关系是 X^n 的一个子集。比如说,“父母身份”就是人类集合上的二元关系;“帽类”就是物品集合上的一元关系;“$x + y = z$”是数字集合中的一个三元关系;“x 好于 y 的程度大过 x' 好于 y' 的程度”是备择项所构成集合上的一个四元关系,等等。X 上的某种 n 元关系,可作为与 X 的所有 n 维元素有关的问题表的某个答案,其中每个问题的答案只能为“是”或“否”。)

这样我们便得出偏好的“传统定义”:

定义 2

集合 X 上的偏好是一个 X 上的二元关系$\succsim$,它满足以下条件:

- 完备性:对任意 x, $y \in X$,有 $x \succsim y$ 或 $y \succsim x$;
- 传递性:对任意 x, y, $z \in X$,若 $x \succsim y$ 且 $y \succsim z$,则有 $x \succsim z$。

1.5 两个定义的等价性

此前，我们已给出了集合 X 上的偏好的两个定义，接下来我们将讨论两者之间的等价性。首先，回顾以下的概念对我们接下来的分析是有用的：

函数 f：从集合 X 到集合 Y 的一对一的函数(或者说映射)，即如果 $f(x)=f(y)$，那么必然有 $x=y$。

函数 f：从集合 X 到集合 Y 的上映射函数(或者满射)，即如果对于任意的 $y\in Y$，总存在一个 $x\in X$，使得 $f(x)=y$。

函数 f：从集合 X 到集合 Y 的一对一的上映射函数(也可称为单射或者一一对应)，即如果对于任意的 $y\in Y$，总存在唯一一个 $x\in X$，使得 $f(x)=y$。

但是，当我们在经济学领域中考虑两种定义的等价性，我们不能只思考一一对应关系的存在性问题：这种对应关系还需**使解释保持不变**。注意到此概念与数学中同构概念之间的相似性，数学中这种对应关系须保持“结构”不改变。譬如，两个拓扑空间 X 和 Y 之间的同构，就是 X 向 Y 的一一对应函数，它必须保持开集不变。在经济学中，一一对应关系即须保持更不规范的解释概念不变。

现在，我们将在 Q 的答案(由定义 1 给出，适于作为偏好)和 R 的答案(由定义 2 给出，适于作为偏好)之间构建一个一一对应的映射函数，称为**平移关系**，这样，这个对应使得两个问题表的答案解释保持不变。换言之，平移关系即是适于作为偏好的对问题表 Q 的答案和适于作为偏好的对问题表 R 的答案之间的“桥”。

为说明这种对应关系，想象一下，你拥有两本书。第一本书的每一页都是问题表 Q 的答案，由定义 1 给出且适于作为偏好；同样，第二本书的每一页都是问题表 R 的答案，它由定义 2 给出且适于作为偏好。对应关系将第一本书的每一页与第二本书中的唯一一页进行配对，使得一个理性的人能够认识到，尽管是两个问题表的不同答案，但两者却表达了对备择项相同的思想态度。

因为我们假设 $R(x, x)$ 类型所有问题的答案均为"是",因此,若要将 R 的回答界定为偏好,则只需界定 $R(x, y)$ 的答案,其中 $x \neq y$。表 1.1 给出了答案的平移关系。

表 1.1

对 $Q(x, y)$ 和 $Q(y, x)$ 的答案	对 $R(x, y)$ 和 $R(y, x)$ 的答案
$x \succ y$	是,否
I	是,是
$y \succ x$	否,是

此平移关系保持了答案已有的解释。换言之,若问题表 Q 中的答案为"我对 x 的偏好超过 y",则由平移关系可知,问题表 R 的答案"我认为 x 至少与 y 一样好,但我不认为 y 至少与 x 一样好",表述了相同的意思。

如下的研究证明了:**平移关系**确实是"由定义 1 给出的偏好集"和"由定义 2 给出的偏好集"之间的一一对应关系。

由 Q 上的无序效应假设可知,对任意两个备择项 x 和 y,在如下的三个答案中,有且仅有一个答案可以被 $Q(x, y)$ 和 $Q(y, x)$ 同时接受:$x \succ y$,I,$y \succ x$。因此,$R(x, y)$ 和 $R(y, x)$ 的答案可以完全确定。

接下来,我们验证表 1.1 中所列示的 R 的答案,正是一个偏好关系(由定义 2 给出)。

完备性:在这三行中,$R(x, y)$ 和 $R(y, x)$ 这两个问题的答案中至少有一个是肯定的。

传递性:假设 $R(x, y)$ 和 $R(y, x)$ 的答案是肯定的,这意味着 $Q(x, y)$ 的答案是 $x \succ y$ 和 I 其中之一,$Q(y, z)$ 的答案是 $y \succ z$ 和 I 其中之一。由 Q 的传递性知,$Q(x, z)$ 的答案一定是 $x \succ z$ 或者 I,则 $R(x, z)$ 的答案一定是肯定的。

为认识平移关系的确是一个一一对应的函数,应注意到,对于问题表 Q 任意两个不同的答案,必定存在一个问题 $Q(x, y)$ 的答案是不同的;因此,或者是 $R(x, y)$,或者是 $R(y, x)$,两者之一所对应的答案必不相同。

仍需说明的是,**平移**函数的范围,包括由定义 2 给出的所有可能的偏好。令 $\succsim$ 表示传统意义上的偏好(作为对 R 的答案)。我们需确定一

个函数 f，即 Q 的答案，使得其可以通过**平移**关系转换成 $\succsim$。从右往左读，表 1.1 便给出了这样一个函数 f。

由 $\succsim$ 的完备性知，对于任意两个元素 x 和 y，在表 1.1 中有一个元素是适合的[第四个选项，即 $R(x, y)$ 和 $R(y, x)$ 的答案均为否定的，被排除在外]，因此，Q 的答案便得到了完全确定，且由定义可知，其满足了无序效应。

我们仍需检验函数 f 满足传递性条件。若 $f(x, y)=x \succ y$ 且 $f(y, z)=y \succ z$ 那么就有 $x \succsim y$ 而非 $y \succsim z$，且 $y \succsim z$ 而非 $z \succsim y$。由传递性可得 $x \succsim z$。此外，推导的结果不是 $z \succsim x$，是因为若 $z \succsim x$，那么由 $\succsim$ 的传递性便推出 $z \succsim y$。若 $f(x, y)=I$ 且 $f(y, z)=I$，那么有 $x \succsim y$、$y \succsim x$、$y \succsim z$ 及 $z \succsim y$，由 $\succsim$ 的传递性，有 $x \succsim z$ 和 $z \succsim x$，因此有 $f(x, z)=I$。

1.6 总结

我本可以用如下的两句话概括整个章节："集合 X 上的偏好是满足完备性和传递性的集合 X 上的一个二元关系。当 $x \succsim y$ 而非 $y \succsim x$ 时表示为 $x \succ y$；当 $x \succsim y$ 且 $y \succsim x$ 时表示为 $x \sim y$。"然而，本章节的目的不仅仅是要介绍偏好的形式化定义，还要进行建模训练并提出两个方法论：

1. 当我们引入对同一个文字概念的两种形式化表达时，需保证两者含义相同。

2. 当我们构造一个形式化概念时，通常会作出超出已有的明确假设范畴的假设。清楚了解隐含假设，不仅对于理解概念至关重要，对提出替代表达形式也是有益的。

▶ 参考文献

Fishburn (1970)对偏好关系进行了全面讨论。

习题集 1

习题 1(简单题)

令 $\succsim$ 是在集合 X 上的一个偏好关系。定义 $I(x)$是集合 X 中所有满足 $y \sim x$ 的 $y \in x$ 的集合。

请证明集合 $\{I(x) \mid x \in X\}$(集合的集合)是集合 X 的划分,即:

- 对于所有的 x 和 y,或者有 $I(x)=I(y)$,或者 $I(x) \cap I(y)=\varnothing$。
- 对于所有的集合 X 中的元素 x,总存在一个 $y \in X$,使得 $x \in I(y)$。

习题 2(标准题)

Kreps (1990)引入了另外一个关于偏好的定义。他的原函数是一个二元关系式 P,解释为“严格偏好”,他要求 P 满足如下要求:

- 非对称性:不存在这样的 x 和 y,同时满足 xPy 和 yPx。
- 负传递性:对于所有的 x, y, $z \in X$,如果 xPy,那么或者有 xPz,或者 yPz(或者都满足)。

请解释 Kreps 关于偏好的定义与传统的偏好定义的等价性。

习题 3[难题,基于 Kannai 和 Peleg (1984)]

令 Z 是有限集,X 是所有集合 Z 的非空子集的集合,$\succsim$ 是定义在集合 X(不是 Z)上的偏好关系。元素 $A \in X$ 可以理解为一份“菜单”,即“从集合 A 中来选择”。考虑如下集合 X 上的偏好关系的性质:

1. 如果 $A \succsim B$,集合 C 与集合 A 和集合 B 都不相交,那么 $A \cup$

$C \geqslant B \cup C$，并且如果 $A \succsim B$，集合 C 与集合 A 和集合 B 都不相交，那么 $A \cup C \succsim B \cup C$。

2. 如果 $x \in Z$，且对于所有的 $y \in A$ 有 $\{x\} \succ \{y\}$，那么 $A \cup \{x\} \succ A$；

如果 $x \in Z$，且对于所有的 $y \in A$ 有 $\{y\} \succ \{x\}$，那么 $A \succ A \cup \{x\}$。

a. 讨论：当 $\succsim$ 被解释为人们对集合的态度，并且在“第二阶段”就会作出选择时，偏好的完备性和传递性是否仍然满足。

b. 举出一个偏好关系的例子，使得(i)满足以上两个性质；(ii)满足第一个性质但不满足第二个性质；(iii)满足第二个性质但不满足第一个性质。

c. 证明：如果存在 $x, y, z \in Z$ 使得 $\{x\} \succ \{y\} \succ \{z\}$，那么没有一个偏好关系能够满足以上两个性质。

习题 4(中等难度)

令 $\succ$ 是在有限集合 X 上的一个非对称二元偏好关系，并且不存在周期性。证明(在集合 X 的范围内) $\succ$ 可以扩展到一个完整的排序(举例来说，完备性、非对称性和可传递性)。

习题 5(难题)

你已经阅读了一篇“名校”杂志上的文章，这篇文章是关于决策者(DM)在有限集合 X 上进行决策的心理过程，这可以用二元偏好关系 $\succ$ 来解释。$\succ$ 满足非对称性和可传递性，但是不一定满足完备性，这是因为 DM 有时候无法比较两个选项。

另外，进一步假设，DM 遵循如下的过程进行决策：他心里有 n 个标准，并且每个标准都以序(非对称的，可传递的，完备的) $\succ_i$ $(i = 1, 2, \cdots, n)$ 来表示。当且仅当对所有的 i，有 $x \succ_i y$，DM 才会决定 $x \succ y$。

1. 证明：用上述过程产生的偏好关系 $\succ$ 满足非对称性和可传递性。可以尝试举一个现实生活中的例子，使读者相信以上决策过程的假设是合理的。

有人声称以上决策产生过程的假设并不“严谨”，因为对于任意一个满足非对称性和可传递性的关系 $\succ$，我们总是能找到一个完备的排序方

程集合 $\succ_1, \cdots, \succ_n$ 满足 $x \succ y$，当且仅当对所有的 i，有 $x \succ_i y$。

2. 证明集合 $X=\{a, b, c\}$ 上的关系仅能得出 $a \succ b$，但是 b 和 c，a 和 c 之间的比较关系不确定。

3.（此问题的主要方面）在一般情况下证明此定理。（对 c 的）提示：给定任意一个非对称的、可传递的关系$\succ$，且在任意集合都成立；定义一个完备的序集合 $\{\succ_i\}$，证明当且仅当对所有的 i，有 $x \succ_i y$，才有 $x \succ y$。

习题 6（趣味题）

收听名为 Shepard Scale 的魔术节目（可以在以下网址找到 http://www.youtube.com/watch?v=boJD_gTLavA；以及 http://en.wikipedia.org/wiki/Shepard_tone）。

你能找出其在经济学中的相似性吗？

▶第 2 讲

效　用

2.1　效用表示的概念

现在，我们看看有关偏好的几个例子。在备择项的数目较少的情况下，我们通常用一个从好到坏排列的清单来描述偏好关系。在有些情况下，备择项被分成不同的类别，我们通过确定分类集合上的偏好来描述 X 上的偏好。但是，就我个人经验而言，脑海中浮现的大部分例子是："我偏好身材较高的篮球运动员""我偏好更贵的礼物""我偏好会给好成绩的老师""我偏好体重较轻的人"。这些例子的共性在于，它们都能很自然地用如下表述来确定："若 $V(x) \geqslant V(y)$[或 $V(x) \leqslant V(y)$]，则 $x \succsim y$，其中 $V: X \to \mathbb{R}$ 是一个函数，它赋予集合 X 中的每一个元素(备择项)一个实数值。"譬如，"我偏好身材较高的篮球运动员"表述的偏好，我们可以将其形式化的表达为：X 是所有能想到的篮球运动员的集合，$V(x)$表示运动员 x 的身高。

注意到，"若 $V(x) \geqslant V(y)$，则 $x \succsim y$" 的表述总是定义了一个偏好关系，因为在$\mathbb{R}$ 上的 $\geqslant$ 总是满足完备性和传递性。

即使单个偏好关系的描述不涉及数字大小的比较，我们仍对其等价的数学表达充满兴趣。我们说，若对于所有的 $x, y \in X$，当且仅当 $U(x) \geqslant U(y)$ 时，有 $x \succsim y$，那么偏好 $\succsim$ 能用函数 $U: X \to \mathbb{R}$ 表示。若函数 U 表示偏好关系 $\succsim$，我们将其称为效用函数，并且我们称 $\succsim$ 具有一个**效用表示**。

我们可以避开"效用表示"这个概念而只用偏好来"研究经济学"。

然而，我们通常使用效用函数而不是偏好来描述一个经济人对备择项的态度，可能是因为，在谈到数值函数最大化时，效用函数比偏好关系更加方便。

注意到，当使用效用函数来定义一个偏好关系时，我们从直觉上认为这个函数包含了额外的信息。恰恰相反，当我们构造一个效用函数来表示现有的偏好关系时，它仅仅是表示了一个偏好关系而已。在后一种情形中，绝对的数值大小毫无意义；只有相对的先后次序才是有意义的。实际上，如果一个偏好关系用效用函数来表示，那么它将有无穷的此类表示方法。下面的定理说明了这一点。

定理

若 U 表示 $\succsim$，那么对任意严格递增的函数 $f:\mathbb{R}\rightarrow\mathbb{R}$，函数 $V(x)=f(U(x))$ 也表示 $\succsim$。

证明

当且仅当 $U(a)\geqslant U(b)$，有 $a\succsim b$（因为 U 表示 $\succsim$）。

当且仅当 $f(U(a))\geqslant f(U(b))$，有 $a\succsim b$（因为 f 是严格递增的）。

当且仅当 $V(a)\geqslant V(b)$，有 $a\succsim b$。

2.2 效用表示的存在性问题

若任意偏好关系均可以用一个效用函数表示，那么不失一般性地，我们便可以给效用函数而不是偏好关系“授予许可证”。效用理论探究的是用数值函数来表示偏好关系的可能性及数值表示包含额外含义的可能性（如：a 偏好于 b 的程度大于 c 偏好于 d 的程度）。

现在，我们将检验“效用理论”的基本问题：在何种假设下存在效用表示？

我们的第一个观察结论有一点琐碎。若 X 为有限集，则其总存在一个效用表示。为使大家习惯精确的分析，下面给出了详细的证明过程。我们首先讨论最小元素存在性的引理（对任意 $x \in X$，若 $a \succsim x$，则 a 是 X 中的最小元素）。

引理

在任意有限集 $A \subseteq X$ 中，存在一个最小元素（相似地，同样存在一个最大元素）。

证明

对集合 A 的大小进行归纳证明。若 A 为一个单元素集，那么由完备性知，它仅有的元素便是最小的。按照归纳的步骤，设集合 A 有 $n+1$ 个元素，并令 $x \in A$。集合 $A-\{x\}$ 的元素个数便为 n，且由归纳假设知，其有一个最小元素，表示为 y。若 $x \succsim y$，则 y 便是集合 A 中最小的。若 $y \succsim x$，则由传递性可知，对所有的 $z \in A-\{x\}$，有 $z \succsim x$，因此，x 为最小元素。

定理

若$\succsim$为有限集 X 上的一个偏好关系，那么 $\succsim$ 有一个效用表示，其值为自然数。

证明

我们将运用归纳法构建一个集合序列。令 X_1 为 X 中最小元素所构成的子集。根据以上引理可知，X_1 是非空的。假设我们已构建了集合 $X_1, \cdots, X_k$。若有 $X = X_1 \cup X_2 \cup \cdots \cup X_k$，我们便完成了证明。反之，则定义 X_{k+1} 为集合 $X - X_1 - X_2 - \cdots - X_k$ 中最小元素构成的集合。由引理知 $X_{k+1} \neq \varnothing$。又因 X 为有限集，我们必须在完成至

多$|X|$步后，才能结束证明。若 $x \in X_k$，则定义 $U(x)=k$。因此，$U(x)$便是 x 被消除的步数。为证明 U 表示 $\succsim$ 关系，我们令 $a \succ b$。那么，$a \notin X_1 \cup X_2 \cup \cdots \cup X_{U(b)}$，因此，有 $U(a)>U(b)$。若 $a \sim b$，那很明显有 $U(a)=U(b)$。

当集合 X 为可数集时，无需对偏好施加其他更多的假设，便可保证效用表示的存在性。（回忆一下：若存在从自然数向 X 的一一对应函数，则 X 为可数无限集，即我们可以采用列举法来确定其所有元素 $\{x_n\}_{n=}$ 1，2，…。）

定理

若 X 为可数集，那么 X 上的任意偏好关系均有一个效用表示，其值域为$(-1, 1)$。

证明

令$\{x_n\}$为 X 中所有元素的一个列举。我们将采用归纳法来构建效用函数。设 $U(x_1)=0$。并且对 $U(x_1)$，…，$U(x_{n-1})$ 都赋予了相应的数值使得当且仅当$U(x_k) \geqslant U(x_l)$时，有 $x_k \succsim x_l$。若对于某一个 $k<n$，x_n 与 x_k 无差异，则赋值 $U(x_n)=U(x_k)$。反之，则由传递性可知，非空集 $\{U(x_k) \mid x_k \prec x_n\} \cup \{-1\}$ 中的所有元素均小于非空集 $\{U(x_k) \mid x_k \succ x_n\} \cup \{1\}$ 中的元素。我们可以赋予 $U(x_n)$一个介于两个集合之间的数值。这就保证了对任意的 $k<n$，当且仅当 $U(x_n) \geqslant U(x_k)$ 时，$x_n \succsim x_k$。因此，我们在$\{x_1, \cdots, x_n\}$上定义出来的函数就可以表示这些元素的偏好。

2.3 字典序偏好

字典序偏好，是采用下列程序来确定集合 X 中任意两个元素的排序而得到的结果。人们在自己心中拥有一系列的标准，这些标准可以用

来比较集合 X 中的元素组。人们按照固定的次序来应用这些标准，直到其中一个标准成功区分出两个元素，则称该标准得到了实现，因为它决定了所偏好的备择项。规范地讲，令 $(\succsim_k)_{k=1,\cdots,K}$ 为集合 X 上的 K 元序关系。若(1)存在 k^*，使得所有的 $k<k^*$，有 $x\sim_k y$ 及 $x\succ_{k^*}y$，或(2)对于所有的 k，均有 $x\sim_k y$，则由以上的序关系所确定的字典序，就定义为 $x\succsim_L y$。因此，证明 $\succsim_L$ 为一个偏好关系。

例

令 X 为单位正方形，即：$X=[0,1]\times[0,1]$。若 $x_k\geqslant y_k$，则令 $x\succsim_k y$。由 $\succsim_1$ 和 $\succsim_2$ 得出的偏好序 $\succsim_L$ 为：若 $a_1>b_1$，或若 $a_1=b_1$，且 $a_2\geqslant b_2$，则有 $(a_1,a_2)\succsim_L(b_1,b_2)$。（因此，在本例中，在后一个条件中，当右边的组成部分为第二个标准时，那么左边的组成部分便是主要的标准了。）

定理

由“若 $x_k\geqslant y_k(k=1,2)$，则 $x\succsim_k y$”关系推出的 $[0,1]\times[0,1]$ 上的字典偏好关系 $\succsim_L$，没有效用表示。

证明

利用反证法，假设存在函数 $u:X\to\mathbb{R}$ 表示 $\succsim_L$。对于任意 $a\in[0,1]$，由 $(a,1)\succ_L(a,0)$，得出 $u(a,1)>u(a,0)$。令 $q(a)$为非空区间 $I_a=(u(a,0),u(a,1))$ 上的一个有理数。函数 q 是从$[0,1]$映射到有理数集合上的函数。因为若 $b>a$，那么 $(b,0)\succ_L(a,1)$，从而有 $u(b,0)>u(a,1)$，因此，这是一个一一对应函数。可知，区间 I_a 与 I_b 是不相交的，因此有 $q(a)\neq q(b)$。但是，有理数的基低于连续统的基，与题设矛盾。

2.4 偏好的连续性

在经济学中，我们通常将集合 X 看作是欧氏空间中的无限子集。下面的条件保证了效用函数在此种情形下的连续性。我们通过连续偏好关系的概念得出的直觉便是：若 a 偏好于 b，那么从 a 或从 b 产生的“微小”偏离都不会改变次序。

接下来，我们在集合 X 中设了一个以 a 为球心，以 $r(r>0)$ 为半径的球，即球(a, r)，它代表 X 中所有与 a 距离小于 r 的点的集合。

定义 C1

若只要 $a \succ b$（即 $b \succsim a$ 非真），则在 a 和 b 附近各存在一个球（邻域），分别表示为 B_a 和 B_b，使得对于所有的 $x \in B_a$ 和 $x \in B_b$，有 $x \succ y$（见图 2.1），则称这个偏好关系 $\succsim$ 是连续的。

定义 C2

若 $\succsim$ 的图（即集合 $\{(x, y) \mid x \succsim y\} \subseteq X \times X$）是一个闭集（且具积拓扑），则 X 上的偏好关系是连续的。即，若 $\{(a_n, b_n)\}$ 是集合 X 上的元素组，且满足对所有 n，有 $a_n \succsim b_n$ 且 $a_n \to a$ 和 $b_n \to b$，则有 $a \succsim b$（见图 2.1）。

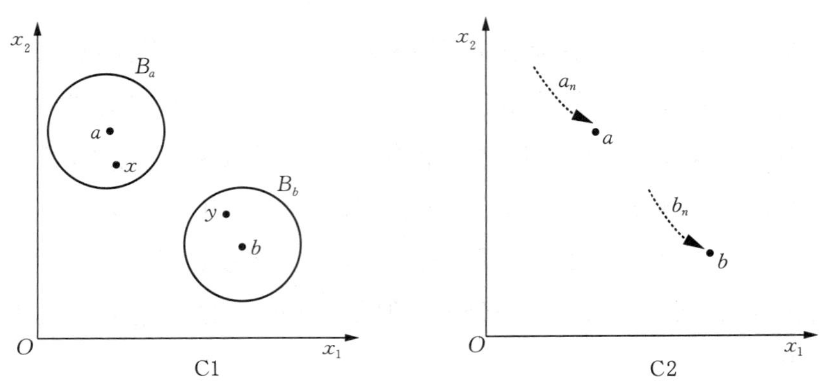

图 2.1 偏好连续性的两种定义

定理

当且仅当 X 上的偏好关系 $\succsim$ 满足 C2 时，其满足定义 C1。

证明

根据定义 C1，我们假设偏好关系 $\succsim$ 在集合 X 上是连续的。令 $\{(a_n, b_n)\}$ 为一对元素组，且满足对所有 n，有 $a_n \succsim b_n$ 且 $a_n \to a$ 和 $b_n \to b$。若 $a \succsim b$ 非真（即 $b \succ a$），则在 a 和 b 附近各存在一个球 B_a 和 B_b，使得对于所有的 $y \in B_b$ 及 $x \in B_a$，有 $y \succ x$。存在一个足够大的 N，使得对于所有的 $n > N$，有 $b_n \in B_b$ 和 $a_n \in B_a$。因此，对于所有的 $n > N$，我们有 $b_n \succ a_n$，与题设矛盾。

根据定义 C2，我们假设偏好关系 $\succsim$ 在集合 X 上是连续的。令 $a \succ b$。由反证法假设，对于所有的 n，存在 $a_n \in$ 球 $B(a, 1/n)$ 及 $b_n \in$ 球 $B(b, 1/n)$，使得 $b_n \succsim a_n$。序列 (b_n, a_n) 收敛于 (b, a)；由第二种定义知，(b, a) 位于 $\succsim$ 的图中，即有 $b \succsim a$，与题设矛盾。

说明

1. 若 X 上的偏好关系 $\succsim$ 由一个连续函数 U 表示，那么 $\succsim$ 便是连续的。要理解这一点，就要注意到：若 $a \succ b$，则有 $U(a)>U(b)$。令 $\varepsilon = (U(a) - U(b))/2$。由 U 的连续性可知，存在一个 δ 大于 0，使得对于所有与 a 距离小于 δ 的 x，有 $U(x) > U(a) - \varepsilon$，以及所有与 b 距离小于 δ 的 y，有 $U(y) < U(b) + \varepsilon$。因此，对于所有位于以 a 和 b 为中心的球内的 x 和 y，有 $x \succ y$。

2. 字典序偏好，常被用作效用表示存在性的反例，是不连续的。这是因为 $(1, 1) \succ (1, 0)$ 但是在以 $(1, 1)$ 为中心的任一球中，均存在一些点比 $(1, 0)$ 差。

3. 注意到，连续性的第二种定义能够被应用于拓扑空间的任一二元关系，而不仅限于偏好关系。譬如，实数集（$\mathbb{R}^1$）上的关系 $=$ 是连续的，但关系$\neq$则不是连续的。

2.5 德布鲁定理

德布鲁定理(Debreu's theorem)说明了连续偏好有一个连续效用表示,它是经济学理论中的一个经典结论。德布鲁定理的完整证明过程详见 Debreu(1954，1960)。在这里,我们仅给出连续性保证效用表示存在性的证明。

引理

若$\succsim$是凸集$X \subseteq \mathbb{R}^n$上的一个连续偏好关系,且若$x \succ y$,则在X中存在z使得$x \succ z \succ y$。

证明

反证法。令I表示点x与y之间的区间。由X的凸性,可得$I \subseteq X$。按照归纳法,我们用以下的方式在区间I上构造两个点序列,分别表示为$\{x_t\}$和$\{y_t\}$。首先记$x_0 = x$，$y_0 = y$。假设在I上定义两点x_t、y_t,使得$x_t \succsim x$和$y \succsim y_t$。考虑x_t和y_t的中点,并将其记为m。由假设知,或者有$m \succsim x$,或者有$y \succsim m$。在前一种情形中,定义$x_{t+1} = m$和$y_{t+1} = y_t$;在后一种情形中,定义$x_{t+1} = x_t$和$y_{t+1} = m$。序列$\{x_t\}$和$\{y_t\}$是收敛的,且两者必收敛到同一点z,这是因为$\{x_t\}$和$\{y_t\}$之间的距离收敛到0。由$\succsim$的连续性,可得$z \succsim x$以及$y \succsim z$;由传递性,可得$y \succsim x$,与题设$x \succ y$矛盾。

对证明过程的说明

在对更一般情形的证明过程中,我们将假设“集合X为凸集”变为一个更弱的假设“集合X为$\mathbb{R}^n$上的连通子集”。(记住,连通集是不能被两个不相交的非空开集所覆盖的。）若不存在 z 使得 $x \succ z \succ y$，那么 X 就是两个不相交集合 $\{a \mid a \succ y\}$ 和 $\{a \mid x \succ a\}$ 的并集，由偏好关系的连续性，这个并集也是开集，这便与 X 的连通性矛盾。

若在每个开集 $B \subset X$ 中，都有一个元素存在于 Y 中，则我们称 Y 为**稠密集**。$\mathbb{R}^m$ 中的任意集合 X 都有一个可数稠密子集。要理解这点，就要注意到：$\mathbb{R}^m$ 中的标准拓扑具有可数基。也即是说，任一开集都是如下可数开集子集的并集，这个开集是指以 a 为中心，$1/n$ 为半径的球，其中 $a \in \mathbb{R}^m$ 中的所有元素均为有理数；n 为自然数。对于与 X 相交的每个集合 $B(q, 1/n)$，从两者的交集中选一个点记为 $y_{q,n}$。令 Y 为包含所有这些点 $\{y_{q,n}\}$ 的集合。这便是 X 中的一个可数稠密集。

德布鲁命题

假设 X 是$\mathbb{R}^n$上一个凸的子集。若 $\succsim$ 是 X 上的一个连续偏好关系，则 $\succsim$ 有一个连续的效用表示。

证明

（十分感谢 Oren Danieli 和 Luke Levy-Moore 协助我完成此证明。）

若在 $\succsim$ 是总体无差异的情形中，证明将十分繁琐。因此，从现在起，我们将假设 $\succsim$ 不是总体无差异的。

同时注意到，X 有一个可数稠密集。

引理 1

令 Y 为集合 X 中的稠密集。则对于每一个 $x, y \in X$，若 $x \succ y$，存在 $z \in Y$，使得 $x \succ z \succ y$。

证明

由之前的引理可知，存在 $z \in X$ 使得 $x \succ z \succ y$。由连续性，存在

以 z 为中心的一个球,使得此球中的任意点都介于 x 和 y 之间,且由 Y 的稠密性可知,此球中包含了 Y 的一个元素。

引理 2

令 Y 为集合 X 中的稠密集,且令 E 为 X 中 $\succsim_{\text{maxima}}$ 和 $\succsim_{\text{minima}}$ 的集合。那么,$Y-E$ 便是 $X-E$ 中的稠密集。

证明

考虑一个球 B,使得 $B\cap X-E\neq\varnothing$,并令 x 为该集合中的一个元素。由 Y 的稠密性,存在 $y\in B\cap Y$。因此,只有 $y\in E$,才有 $y\in B\cap Y-E$。若 y 为最大点,则 $B\cap\{z\mid y\succ z\succ x\}$ 为开的非空集(同样地,若 y 为最小点,在 x 与 y 的区间存在一点 z 使得 $y\succ z\succ x$),因此,$Y-E$ 中包含了一点。

引理 3

令 Y 为 $X-E$ 中的一个可数稠密集。那么在 Y 上 $\succsim$ 有一个效用表示,u 的范围正好包含(0, 1)中的所有二元有理数(其可以表示为 $k/2^l$)。

证明

令 $Y=\{y_n\}$。按照如下的归纳法构造一个 u:从 $u(y_1)=1/2$ 开始。令 $P(y_n)=\{y_1, \cdots, y_{n-1}\}$,即 y_n 之前的元素集。若对于某些 $y_m\in P(y_n)$,有 $y_n\sim y_m$,则令 $u(y_n)=u(y_m)$。若对于任意的 $y_m\in B(y_n)$,有 $y_n\succ y_m$,则集合 $u(y_n)=(1+u(y_k))/2$,其中 y_k 为 $P(y_n)$ 中的最大点。我们可以采取同样的方式处理稍差的元素。否则,$P(y_n)$ 中有 y_i, y_j,使得 y_i 是 $P(y_n)$ 元素中最小的,且偏好于 y_n;使得 y_j 为

$P(y_n)$元素中最大的，但不如 y_n 受偏好。令 $u(y_n)=(u(y_i)+u(y_j))/2$。注意到，根据引理 1，由 Y 的连续性和稠密性，序列中总是会有这样一些元素：有一个元素位于 $P(y_n)$中的所有元素之上，有一个元素位于序列中任意两个元素之间，还有一个元素位于 $P(y_n)$中的所有元素之下。

仍由引理 1 可知，u 的范围正好包含(0, 1)中的所有二元有理数。

德布鲁命题的证明

由引理 2 知，在 $X-E$ 中存在一个可数稠密集 Y。由引理 3，令 u 为定义在 Y 上的函数。可以通过以下几种方式拓展至 X 上：(1)将 X 中所有的最大点赋值为 1，将所有的最小点赋值为 0；(2)对于所有的 $x\notin Y\cup E$，定义 $u(x)=\sup\{u(y)\mid x\succ y，且\ y\in Y\}$。这个函数表示偏好关系，因为根据定义，若 $x\sim z$，则有 $u(x)=u(z)$，且若 $x\succ z$，则在 Y 中存在 y_1 和 y_2，使得 $x\succ y_1\succ y_2\succ z$，因此有 $u(x)\geqslant u(y_1)>u(y_2)\geqslant u(z)$。

为证明连续性，考虑一个点 $x\notin E$（对于极端的点，可采取同样的处理方式）。令 $\varepsilon>0$。由引理 3 知，存在 y_1 和 y_2，使得 $u(x)-\varepsilon<u(y_1)<u(x)<u(y_2)<u(x)+\varepsilon$。通过运用两次 $\succsim$ 连续性的定义，我们可以得到一个在 x 附近的球 B，根据偏好关系 x 位于 y_1 和 y_2 之间。由定义知，该球中元素将获得的值 u 位于 $u(y_1)$和 $u(y_2)$之间，因此该球中的元素与 $u(x)$的距离不会超过 ε。

▶ 参考文献

Fishburn(1970)对本讲的内容有很好的讨论。字典序偏好的例子来自 Debreu(1959)［又见 Debreu(1960)，尤其是第 2 章，可从以下网址获得此章内容：http://cowles.econ.yale.edu/P/cp/p00b/p0097.pdf。］

习题集 2

习题 1(简单题)

本题的目的是为了帮助读者完全理解掌握效用表示和连续性的基本概念。

a. 判断以下说法的正误:如果 U 和 V 都表示 $\succsim$,那么必然存在一个严格单调的函数 $f:\mathbb{R}\to\mathbb{R}$,使得 $V(x)=f(U(x))$。

b. 连续偏好能否用一个非连续的函数表示?

c. 说明在 $X=\mathbb{R}$ 的情况下,由非连续的效用函数 $u(x)=[x]$(取整函数,表示不超过实数 x 的最大整数称为 x 的整数部分)不是一个连续关系。

d. 证明以下两个连续效用关系的定义(C1 和 C2)是等价的:

定义 C3

对于任意 $x\in X$,上等值集 $\{y\mid y\succsim x\}$ 和下等值集 $\{y\mid x\succsim y\}$ 是 X 中的闭集。

定义 C4

对于任意 $x\in X$,集合 $\{y\mid y\succ x\}$ 和 $\{y\mid x\succ y\}$ 是 X 的开集。

习题 2（中等难度）

举出一个可数集上偏好的例子，其中，如果效用函数的值只包含整数值就不能表示这种偏好。

习题 3（简单题）

令 $\succsim$ 表示在 $X \in \mathbb{R}^n$ 的连续偏好，连接点 x 和 z 的区间在 X 内。请证明：如果 $y \in X$，$x \succsim y \succsim z$，那么在接点 x 和 z 的区间必然存在一个点 m，使得 $y \sim m$。

习题 4（中等难度）

考虑定义在 $\mathbb{R}_+^2$ 上的偏好关系序列 $(\succsim^n)_{n=1,2,\cdots}$，其中，$\succsim^n$ 可用效用函数 $u_n(x_1, x_2) = x_1^n + x_2^n$ 来表示。我们称：若对所有的 x 和 y，且 $x \succ^* y$，存在一个 N，使得对于任意的 $n > N$ 都有 $x \succ^n y$，那么序列 $\succsim^n$ 收敛于偏好 $\succ^*$。证明，$\succsim^n$ 收敛于 $\succ^*$，$\succ^*$ 可用函数 $\max\{x_1, x_2\}$ 来表示。

习题 5（中等难度）

X 是有限集，$(\succsim, \succ\succ)$ 是一对组合，其中，$\succsim$ 是偏好关系，$\succ\succ$ 是 $\succ$ 的可传递子关系（子关系是指若 $\succ$ 必然有 $x \succ y$）。

我们可以认为这一对组合是为了回答问题表 A，$A(x, y)$ 可以用以下问题表示：

我们如何比较 x，y？在以下 5 个选项中勾选一项：

□ 我非常喜欢 $x(x \succ\succ y)$。

□ 我喜欢 $x(x \succ y)$。

□ 这两样对我来说没有差别(I)。

□ 我喜欢 $y(y \succ x)$。

□ 我非常喜欢 $y(y \succ\succ x)$。

假设该组合满足拓展传递性：如果 $x \succ\succ y$ 且 $y \succsim z$ 或者 $x \succsim y$ 且 $y \succ\succ z$，那么，$x \succ\succ z$。

如果满足以下条件，我们就认为这一对组合($\succsim$, $\succ\succ$)可以用函数 u 来表示：

$$\begin{cases} u(x)=u(y),\text{当且仅当 } x\sim y \\ u(x)-u(y)>0,\text{当且仅当 } x\succ y \\ u(x)-u(y)>1,\text{当且仅当 } x\succ\succ y \end{cases}$$

证明：每一个拓展偏好组合($\succsim$, $\succ\succ$)都可以用函数 u 来表示。

习题 6（中等难度）

以下是典型的效用表示定理的例子：

令 $X=\mathbb{R}_{+}^{2}$，假设偏好关系 $\succsim$ 满足如下三个性质：

ADD：对于所有的 t 和 s，如果 $(a_1, a_2)\succsim(b_1, b_2)$，那么 $(a_1+t, a_2+s)\succsim(b_1+t, b_2+s)$。

SMON：若 $a_1\geqslant b_1$，且 $a_2\geqslant b_2$，那么 $(a_1, a_2)\succsim(b_1, b_2)$，另外，若 $a_1>b_1$，或者 $a_2>b_2$，那么 $(a_1, a_2)\succ(b_1, b_2)$。

CON：连续。

a. 证明：如果 $\succsim$ 是一个线性表达式（即 $\succsim$ 可以用效用函数 $u(x_1, x_2)=\alpha x_1+\beta x_2$, $\alpha>0$, $\beta>0$ 来表示）那么 $\succsim$ 满足以上三个性质。

b. 证明：总存在这样的效用关系，它满足其中任意两个性质，但是却不满足第三个性质。

c.（此题有一定难度）证明：如果 $\succsim$ 满足以上三个性质，那么它有一个线性表达式。

d.（此题同样有一定难度）举出一个偏好关系，它不仅满足性质 ADD 和 SMON，还满足 MUL 性质：

MUL：对于任意正数 λ，如果 $(a_1, a_2)\succsim(b_1, b_2)$，那么 $(\lambda a_1, \lambda a_2)\succsim(\lambda b_1, \lambda b_2)$。

习题 7（中等难度）

效用是偏好的数值表示。我们可以考虑用数值去表示其他的抽象概念。在本题中，你将会尝试提出一个可能的数值表示，来说明“近乎相同”这个概念[参见 Luce(1956)和 Rubinstein(1988)]。为简单起见,令 X 为区间[0, 1]。

考虑二元关系 S 的以下六个性质:

(S-1)对于任意的 $a \in X$,均有 aSa。

(S-2)对于所有的 $a, b \in X$,若 aSb,则有 bSa。

(S-3)连续性(关系 S 在 $X \times X$ 上的图像是闭集)。

(S-4)中间性:若 $d \geqslant c \geqslant b \geqslant a$,且 aSb,则也有 cSb。

(S-5)对于任意的 $a \in X$,在 a 的附近存在一个开区间,使得对所有在该区间上的 x,均有 xSa。

(S-6)记 $M(a)=\max\{x \mid xSa\}$ 且 $m(a)=\min\{x \mid aSx\}$。因此,M 和 m 是一个(弱)递增函数,且若无论何时,它们的值都不包括 0 或 1,则它们是严格递增函数。

a. 以上假设是否符合你对“近乎相同”的直觉?

b. 证明关系 S_ε 满足以上所有的假设,其中 S_ε 的定义是:若 $|b-a| \leqslant \varepsilon$($\varepsilon$ 为正数),则 $aS_\varepsilon b$。

c. (此题较难)令 S 是满足以上六个性质的二元关系,ε 是严格为正的数。

证明:存在一个严格递增且连续的函数 $H: X \rightarrow \mathbb{R}$,使得当且仅当 $|H(a)-H(b)| \leqslant \varepsilon$ 时,有 aSb。

第3讲

选 择

3.1 选择函数

到现在为止，我们一直避而不谈消费者行为问题。我们所说的偏好，是对决策者在备择项集合上心理态度的一个总结。但是经济学研究的是行为，因此我们现在要对人们的行为建模了。“人的行为”这个词，不仅仅是指当他遇到某些问题时所作出的实际选择，而且还是对我们所想象到的、他可能遇到的所有情形下的行为的完全描述。

考虑一个包含可能备择项的**全集 X**。我们将选择问题视为 X 的非空子集，并称来自 $A \subseteq X$ 的选择为指定 A 中的一个元素。

将一个选择情景用一系列备择项来进行建模其实隐含了理性假设，根据这个假设，人们的选择不依赖于备择项的展示方式。譬如，若备择项以列表的形式出现，那么人们在作选择时，是不会受备择项出现次序及其出现次数影响的。若存在一个具有默认状态的备择项，人们也会忽视它的状态。对于一个理性人而言，他仅会考虑自己所能获得的备择项组。

在某些环境中，并不是所有的选择问题都是有意义的。因此，我们允许人的行为被定义在全集 X 的子集 D 上。我们称(X, D)偶对为**环境**。

例

1. 设想有一个学生，他要从录取他的大学所组成的集合中进行选择，我们对此学生的选择行为感兴趣并作分析。令 $X=\{x_1, \cdots, x_N\}$ 为该名学生熟悉的所有大学的集合。选择问题 A 可以解释为录取了该名学生的大学的集合。若该生被某个“大学的子集”录取并不意味着他被其他大学录取的结果，那么 D 中包含了 X 的 2^N-1 个非空子集。但是，比如说，若大学是按照被录取的难易程度来进行排列的（x_1 为难度最大的大学），并且，若该生被 x_k 录取意味着他也能被那些录取容易程度较低的学校录取，即被所有的 $x_l(l>k)$ 所录取。那么 D 包含了 N 个集合 $A_1, \cdots, A_N$，其中 $A_k=\{x_k, \cdots, x_N\}$。

2. 想象这样一个场景，一个决策者要在“保持现状 s”和“在一些集合 Y 中选择一个元素”之间作出选择。我们通过定义 $X=YU\{s\}$ 来构造这样一个场景，并且，我们将选择函数 D 的定义域确定为包含 s 的所有 X 的子集的集合。

我们将一个人的行为视作对包含如下类型问题的调查表的假设性回答。每个问题都将从备择项（$A \in D$）中选择一个最优的。

$Q(A)$：假设你必须在备择项集 A 中作出选择，你将选择哪个备择项？

该问题表的一个合格答案要求，对每一个问题 $Q(A)$，答题者仅从 A 中选择唯一的答案。我们默认答题者不能作出其他任何回答，例如：“我或者选 a，或者选 b”，“我从 A 选择 a 的概率为 $p(a)$”或者“我不知道”。

更规范地，给定一个环境（X, D），一个选择函数 C 对每个 $A \in D$ 的集合赋值 A 的唯一元素，解释为 $C(A)$是从集合 A 中被选中的元素。

我们的理解是：若按照函数 C 行事的决策者，必须从集合 A 中作出选择，那么他一定会选择 $C(A)$。这并不意味着我们能准确地观察到选择函数。我们至多能观察到在某些情形下决策者作出的特殊选择。因此，选择函数是对假设性行为的一个描述。

3.2 理性选择函数

在经济学中，一个典型的假设就是：选择是“理性思虑”的结果。也即是说，决策者心中在集合 X 上有一个偏好关系 $\succsim$，并且，给定 D 中的任一选择问题 A，他从 A 中选择一个元素，这个元素是"$\succsim$ 最优"的。假设它是明确界定的，那么我们所定义的**引致选择函数 $C_{\succsim}$**，就是给每一个非空集合 $A \in D$ 赋定 A 中的"$\succsim$ 最优"的元素。注意到，偏好关系是固定的，也即，它独立于所考虑的选择集。

3.3 理性化

经济学家们经常遭受批评，就是因为他们所作的"决策者最大化偏好关系"这个假设。对此批评作出的最常见的回应是"我们并不真正需要这个假设"。我们所需作的假设仅仅是：决策者的行为可以被描述为他似乎正在最大化某些偏好关系。

我们现在将这个"经济学辩护"进行更准确的说明。若在 X 上有一个偏好关系 $\succsim$ 使得 $C = C_{\succsim}$（即，对 C 的定义域内的任一 A，有 $C = C_{\succsim}$），那么，我们称选择函数 C 是可以**被理性化**的。

我们现在将确定一个条件，在此条件下，选择函数确实可以像是从某些偏好关系中推导出来的一样（即，可以被理性化的）。

条件 α

若对于任意两个问题 A，$B \in D$，如果 $A \subset B$，且 $C(B) \in A$，则 $C(A) = C(B)$，那么我们称 C 满足条件 α（见图 3.1）。

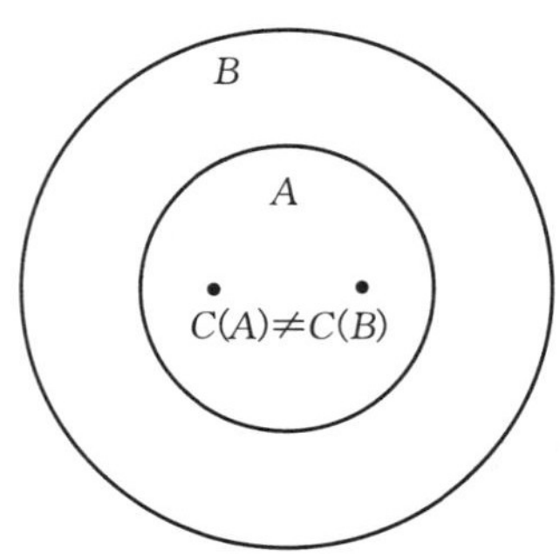

图 3.1　对条件 α 的违背

注意到，若 $\succsim$ 是 X 上一个偏好关系，那么 $C_{\succsim}$ 满足条件 α。($C_{\succsim}$ 定义在 X 子集的集合中，该集合拥有一个唯一的最受偏好的元素。)

考虑一个不满足条件 α 的选择过程的例子，**次优过程**，它是指决策者在心中有一个 X 的排序 $\succsim$（即一个完备的，非对称的，传递的二元关系），且对于任一给定的选择问题集 A，从 A 中选择元素，这个元素是从非最优的备择项中选出的“$\succsim$ 最大”的。若 A 包含 B 中的除“$\succsim$ 最大”的元素外的所有元素，那么 $C(B) \in A \subset B$，但是 $C(A) \neq C(B)$。

现在，我们将说明：对于一个选择函数被构造成好像决策者在最大化某个偏好关系而言，条件 α 是个充分条件。

命题

假设 C 为一个选择函数，其定义域至少包括 X 中的 2 个或 3 个元素的所有子集。若 C 满足条件 α，那么存在 X 上的一个偏好关系 $\succsim$，使得 $C = C_{\succsim}$。

证明

若 $x = C(\{x, y\})$，则用 $x \succsim y$ 来定义 $\succsim$。

首先验证关系 $\succsim$ 为一个偏好关系。

完备性：由“$C(\{x, y\})$ 总是明确定义的”可得。

传递性：若 $x \succsim y$ 且 $y \succsim z$，那么 $C(\{x, y\}) = x$，且 $C(\{y, z\}) = y$。若 $C(\{x, z\}) \neq x$，那么 $C(\{x, z\}) = z$。由条件 α 和 $C(\{x, z\}) = z$ 可知，$C(\{x, y, z\}) \neq x$；由条件 α 和 $C(\{x, y\}) = x$ 可知，$C(\{x, y, z\}) \neq y$；并且由条件 α 和 $C(\{y, z\}) = y$ 可知，$C(\{x, y, z\}) \neq z$。与 $C(\{x, y, z\}) \in \{x, y, z\}$ 矛盾。

我们还需要证明 $C(B) = C_{\succsim}(B)$。假设 $C(B) = x$ 且 $C_{\succsim}(B) \neq x$。即存在 $y \in B$ 使得 $y \succ x$。由 $\succsim$ 的定义可知，这就表示 $C(\{x, y\}) = y$，与条件 α 矛盾。

下面是上述命题的一种不同表述。

命题

C 是一个选择函数，其定义域 D 满足：若 A，$B \in D$，则 $A \cup B \in D$。若 C 满足条件 α，那么存在 X 上的一个偏好关系 $\succsim$，使得 $C = C_{\succsim}$。

证明

若存在集合 $A \in D$ 使得 $y \in A$，且 $c(A) = x$，则定义一个如 $x \succsim y$ 的二元关系。注意到 $\succsim$ 并不必须是完备的。然而，它的确满足传递性：若 $x \succsim y$ 且 $y \succsim z$，则存在集合 $A \in D$ 包含 y，使得 $C(A) = x$，且存在 $B \in D$ 包含 z，使得 $C(B) = y$。集合 $A \cup B$ 是D 的子集。由条件 α 可知，若 $C(A \cup B) \in B$，其必为 $C(B)$，但这样一来就会有 $c(A) = C(B) = y$ 与题设 $x \succsim y$ 矛盾。因此，$C(A \cup B) \in A$，再由条件 α，可得 $C(A \cup B) = C(A) = x$，因此有 $x \succsim z$。

集合理论中一个非常有名的命题(见习题集 1 中的习题 4)保证了 $\succsim$ 关系可以被拓展应用到偏好关系 $\succsim^*$ 上。由定义，对于所有的 $x \in A$，都有 $c(A) \succsim x$，因此对于所有的 $x \in A$，$c(A) \succsim^* x$ 也成立，这也证明了 $C_{\succsim^*} = C$。

3.4 荷兰赌论

对假设“选择是由‘理性思虑’作出的”所进行的辩护，有些是规范的，也即这些辩护反映了一个观点：人们在这个意义上应该是理性的，并且如果他们是非理性的，那么他们也应转变为此种理性推理。支持此方法的一类有趣观点，在文献中被称为“荷兰赌论”(Dutch book arguments)。该观点认为，若经济人按照不是由偏好关系最大化所引致的选择函数行事，那么，他将被淘汰。

如下是一个“悲惨”的故事，森林里面有一只猴子和三棵树：a，b 和 c。这只猴子需要从中选出一棵树来睡觉。假设它每次只能在两棵树中选择一棵，且它的选择函数为 $C(\{a, b\})=b$，$C(\{b, c\})=c$，$C(\{a, c\})=a$。明显地，它的选择函数不能由树的集合上的偏好关系推导出来。假设无论何时它住在树 x 上，它都会时不时地想着跳到另一棵树上，也即它从集合 $\{x, y\}$ 中作出选择，其中，y 是其他两棵树中的一棵。这将会导致这只猴子不断地从一棵树跳到另一棵树——在“残酷的”自然丛林中，这可不是一个极佳的行为模式。

有另一个故事，与人类更为相似，被称为“金钱吸干”(money pump)观。假设决策者像上述的那只猴子一样行事，他的三个备择项为 a，b，c。假设对于所有的 x，y，选择 $C(x, y)= y$ 足够强，使得他在选择备择项 x 时，他被赋予也能拥有 y 的选择权时，会支付 1 元钱来获得选择的机会。现在，想象一下，有一个操纵者提供给决策者一个选择问题 $\{a, b, c\}$。无论何时，只要决策者选择 a，操纵者都允许他可以花 1 元钱将选择改为 b。同样地，每次当他选择 b 或 c 时，操纵者会以 1 元钱的价格相应地向其出售选择 c 或 a 的机会。决策者将不断循环改变在 a，b，c 三者间的选择，直到他的钱袋被掏空，或者直到他领悟了教训并改变自己的行为。

上述的观点很容易招致批评。特别地，消除不符合理性的行为模式要求，在经济人所处的环境中，他们的确面临上述的选择序列问题。我在这里所给出的“荷兰赌论”，未必是一个支持理性的可信理由，而只是一个有趣的观点。

3.5 备择项是什么

在某些情形下，造成理性冲突是因为对备择项空间的界定不明确。考虑如下的例子，它选自 Luce 和 Raiffa(1957)：在一个饭店里，一个食客从菜单{鞑靼牛排，鸡肉}中选择了鸡肉，但是从菜单{鞑靼牛排，鸡肉，青蛙腿}中选择了鞑靼牛排。乍一看，他不是个理性的人(因为他的选择与条件 α 冲突了)。假设这种选择的动机是青蛙腿的存在标志着厨师的手艺。若青蛙腿这道菜出现在菜单中，那么这个厨师必定是个真正的专家，决策者便乐于点一份鞑靼牛排，因为这道菜的烹饪需要专业水平。若菜单上没有青蛙腿，那么决策者便不想冒险去尝试鞑靼牛排了。

如果我们区别开“提供鞑靼牛排的饭店同时提供青蛙腿(言下之意,这个饭店的厨师一定很棒)”和“提供鞑靼牛排的饭店不提供青蛙腿(厨师也许是个新手)”这两种情况,那么理性就“恢复”了。因为鞑靼牛排在这两个备选集中是不同的,因此对不同备择项进行区分是有意义的。

注意到,若定义一个备择项为(a, A),其中 a 是物理描述,A 表示选择问题,那么任意选择函数 C 均可被一个偏好关系理性化,该偏好关系满足:对每一个 $a \in A$,有 $(C(A), A) \succsim (a, A)$。

从上述的讨论中我们汲取的教训是,在确定“备择项”这个术语时,必须小心谨慎。在包含 a 的每个选择问题 A 中,备择项 a 的含义必须保持一致。

3.6 作为“内部均衡”的选择函数

我们一直使用的选择函数的定义,要求我们给每一个选择问题只能赋定一个元素。若决策者遵循理性人过程行事,利用包含无差异关系的偏好关系,那么之前定义的引致选择函数 $C_{\succsim}(A)$ 则可能是不明确的,因为对于某些选择问题而言,将存在不止一个的最优元素。这也是在某些情形下,我们使用如下的备择项的另一个概念来对行为进行建模的原因之一。

选择函数 C,要求给每个非空的 $A \in D$ 赋定一个 A 的非空**子集**,也即,$\varnothing \neq C(A) \subseteq A$。根据我们对选择问题的解释,决策者必须从每一个选择集中选择出唯一的元素。因此,$C(A)$不能被解释为是决策者必须从 A 中作出选择时所作出的选择。$C(A)$修正后的解释是,A 中的所有元素构成的集合,该集合满足的性质是“决策者在即将作出决定并选择 $a \in C(A)$ 时,他不会改变决定”。换言之,引致选择函数反映了一个“内部均衡”:若面对 A 的决策者考虑位于$C(A)$之外的一个备择项,他将继续寻找另一个备择项。若他正好考虑位于 $C(A)$内部的一个备择项,那么,他便会接受这个备择项。

对 $C(A)$的一个相关解释是,将其视为 A 中一些元素的集合,这些元素在某些特定的环境下可能被选择,而这些特定的环境没有在集合 A 中进行描述。规范地,令(A, f)为一个扩展备选集,其中 f 是伴随集合

A 的框架(如默认的备择项或者备择项的顺序)。令 $c(A, f)$ 为决策者在给定框架 f 下的备选集 A 中作出的选择。(扩展)选择函数 c 通过 $C(A)=\{x \mid x=c(A, f)$,对某些 $f\}$ 引致出一个选择函数。

给定一个偏好关系 $\succsim$,我们定义这个引致选择函数(假设其非空)为 $C_{\succsim}(A)=\{x \in A \mid x \succsim y$,对于所有的 $y \in A\}$。

当 $x, y \in A$,且 $x \in C(A)$,我们说 x 被显示为至少与 y 一样好。此外,若 $y \notin C(A)$,我们说 x 显示严格优于 y。那么条件 α 便可由条件 WA 替代,其中条件 WA 要求,若 x 显示为至少与 y 一样好,y 不可能显示为严格优于 x。

显示偏好弱公理(Weak Axiom of Revealed Preference, WA)

若 $x, y \in A \cap B$,$x \in C(A)$,且 $y \in C(B)$,$x \in C(B)$ 也为真(如图 3.2),则称 C 满足 WA(图 3.2)。

弱公理暗含了两条性质:条件 α:若 $a \in A \subset B$ 且,$a \in C(B)$,则 $a \in C(A)$。

条件 β:若 $a, b \in A \subset B$,$a \in C(A)$,且 $b \in C(B)$,则 $a \in C(B)$。

注意到,如果 $C(A)$ 包含所有最大的元素(根据某些偏好关系,最大元素有可能不一样),那么 C 满足 WA。再者,对任意选择函数,其定义域若包含 A 和 B,则两者的交集也包含在内,那么验证条件 α 和条件 β 与验证 WA 便是等价的。同样要注意到,对于下一个命题,我们可以构造一个较弱的 WA,这对于任意两个集合 $A \subset B$ 来说有同样的要求,其

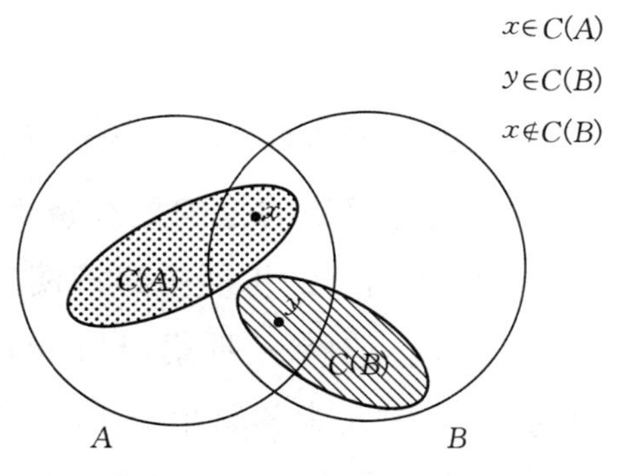

图 3.2 对弱公理的违背

中 A 是包含两个元素的一个集合。

命题

假设 C 是一个选择函数，其定义域至少包括集合大小为 2 或 3 的所有子集。假设 C 满足 WA。那么，存在一个偏好 $\succsim$ 使得 $C=C_{\succsim}$。

证明

若 $x \in C(\{x, y\})$，则定义 $x \succsim y$。现在，我们将说明这个关系是一个偏好关系：

完备性：由 $C(\{x, y\}) \neq \varnothing$ 可得。

传递性：若 $x \succsim y$，$y \succsim z$，那么 $x \in C(\{x, y\})$ 且 $y \in C(\{y, z\})$。因此，由条件 β，若 $y \in C(\{x, y, z\})$，则 $x \in C(\{x, y, z\})$，且若 $z \in C(\{x, y, z\})$，则 $y \in C(\{x, y, z\})$。因此，在任何情形下，均有 $x \in C(\{x, y, z\})$。由条件 α，$x \in C(\{x, z\})$，因此有 $x \succsim z$。

$C(B)=C_{\succsim}(B)$ 仍有待证明。

假设 $x \in C(B)$。由条件 α，对于每一个 $y \in B$，我们有 $x \in C(\{x, y\})$，因此有 $x \succsim y$。还可得出 $x \in C_{\succsim}(B)$。

假设 $x \in C_{\succsim}(B)$。令 $y \in C(B)$。若 $y \neq x$，则 $x \in C(\{x, y\})$，且由条件 β，我们可以得出 $x \in C(B)$。

3.7 满意过程

我们可以将任一满足条件 α 的选择函数表示为优化某些偏好关系的结果，这一事实支持了“微观经济模型的范围比经济人进行明确优化的简单模型更广泛”的观点。但是我们真的扩展了经济模型的范围了吗？

考虑如下的“决策过程”，赫伯特·西蒙（Herbert Simon）称之为满意过程。令 $v: X \to \mathbb{R}$为对 X 中元素的赋值，令 $v^* \in \mathbb{R}$为满意临界值。令 O 为 X 中备择项的序。给定集合 A，决策者根据序 O 对该集合中的元素进行排列，得到序列 $L(A, O)$。然后，他要在序列 $L(A, O)$ 中选择第一个元素，其值 v 至少与 v^* 一样大。若在 A 中不存在这样一个元素，那么，决策者将选择序列 $L(A, O)$ 中的最后一个元素。

我们现在论证，由此过程所产生的选择函数，满足条件 α。假设 a 选自 B，并且还是 $A \subset B$ 中的一个元素。通过去除 $B-A$ 中的所有元素，我们从 $L(B, O)$ 中得到序列 $L(A, O)$。若 $v(a) \geqslant v^*$，则 a 就是 $L(B, O)$ 中的第一个满意元素，也是 $L(A, O)$ 中的第一个满意元素。因此，a 也选自 A。若 B 中的所有元素都是非满意的，那么 a 必为 $L(B, O)$ 中的最后一个元素。因为 A 是 B 的一个子集，A 中的所有元素都是非满意的，则 a 为 $L(A, O)$ 中的最后一个元素。因此，a 选自 A。

通过构造一个使满意过程理性化的序，我们就可以直接证明上述过程是理性的。令 $\succsim$ 为一个序，根据排序规则 O，满意元素（即 $\{x \mid v(x) \geqslant v^*\}$ 的元素）被排在最顶端，而其他非满意元素被排在底部。对于任意集合 A 来说，最大化 $\succsim$ 将会产生第一个元素（根据排序规则 O），且该元素是满意元素，如果 A 中不存在满意元素，那么，这个最大化问题就会选择集合 A 中的最后一个元素（根据排序规则 O）。

然而注意到，即使该方案发生“微小”的变化，也可能导致该过程发生变化，使得其不再满足条件 α。譬如：

使用两个序的满意过程：令 X 表示某项工作潜在应聘者的大学毕业生的总数。给定一个实际应聘者的集合，并计数。若人数小于 5，则按照字母对他们进行排序。若超过 5 人，则按照他们的社会保险号码进行排序。无论使用的哪一种排序方式，选取本科平均成绩高于 85 分的第一位候选人。若没有人高于 85 分，那么选择名单上的最后一位学生。

条件 α 是不满足的。可能的情况是，在按照他们社会保险号码排序的学生名单中，a 可能是拥有满意成绩的第一位候选人。尽管如此，若按照字母顺序排列，那么在仅有三个候选人的名单中，a 可能不是拥有满意成绩的第一位候选人。

总而言之，尽管满意过程的表述方式看起来与偏好关系或效用函数的最大化无关，但其仍可以用类似于“决策者最大化偏好关系”的语言来描述。我不知道除了“理性人”和“满意过程”外，对于满足条件 α 的选择过程，是否还有其他有趣的案例。然而，在后面当我们讨论消费者理论时，将会遇到一些其他的有趣的理性化需求函数的例子，尽管它们看起来与偏好关系的最大化无关。

3.8 研究框架中未包括的心理动机

对经济人建模的标准方法，心理学家——较有名的如阿莫斯·特沃斯基(Amos Tversky)和丹尼尔·卡尼曼(Daniel Kahneman)——提出了更现代化的挑战。他们为我们提供了一些美妙的例子，说明了人们不仅常常违背理性，而且说明了这种违背行为还具有系统的原因，这些非理性是由决策过程中的某些因素引起的。

构造

下述实验(由 Tversky 和 Kahneman(1986)进行)表明，备择项的构造方式可能会影响决策者的选择。要求实验对象想象自己面临如下选择问题的情形：

在美国爆发了一场疫病，预计将造成 600 人死亡。有两个互相排斥的方案，将产生如下的结果：

a. 死亡 400 人。

b. 1/3 的概率没有人死亡，2/3 的概率死亡 600 人。

在最初的实验中，另一组实验对象也得到了相同的背景信息，并被要求从如下的备择项中进行选择：

c. 200 人将获救。

d. 1/3 的概率 600 人全获救，2/3 的概率没有人获救。

然而，第一组中有 78%的人选择了 b，在第二组中仅有 28%的人选择了 d。这些结果是有问题的，因为按照任何合理的标准，a 和 c 都是相同的备择项，而 b 和 d 也同样如此。因此，从 $\{a, b\}$ 中做出的选择应与从$\{c, d\}$中做出的选择一样。

这两个问题均按照上述的顺序交给1 200名学习博弈论课程的学生来回答，结果有73%选择b，49%选择d。很多学生在回答第二个问题时，记住了他们对第一个问题的回答，所以不一致的程度有所下降，这听起来似乎有理。然而，很大一部分学生对这两个问题做出了不同答案，这便使调查结果更加有问题了。

总体而言，这些结果揭示了选择对备择项构造(framing)方式的敏感性。当仅是问题的表述方式有所不同而选择相同时，什么是影响理性决策的更基础因素呢?

选择问题的简化及相似性的运用

下面的实验也是由特沃斯基和卡尼曼进行的。一组实验对象面临如下的问责问题：

在两个轮盘赌a或b中选择一个。所获奖励由所选出的轮盘赌结果相应决定，奖励表如下表所示：

	颜色	白色	红色	绿色	黄色
方案(a)	概率(%)	90	6	1	3
	奖励($)	0	45	30	−15
	颜色	白色	红色	绿色	黄色
方案(b)	概率(%)	90	7	1	2
	奖励($)	0	45	−10	−15

另一组实验对象拥有相同的背景信息，并被要求从如下备择项中做出选择：

	颜色	白色	红色	绿色	蓝色	黄色
方案(c)	概率(%)	90	6	1	1	2
	奖励($)	0	45	30	−15	−15
	颜色	白色	红色	绿色	蓝色	黄色
方案(d)	概率(%)	90	6	1	1	2
	奖励($)	0	45	45	−10	−15

在最初的实验中，第一组实验对象中有58%的人选择了 a，而第二组中没有人选择 c。当两个问题逐次让1 350名学生作答时，52%的学生选择了 a，7%选择了 c。有趣的是，学生们回答 a 所花时间的中位数为53秒，而回答 b 所花时间的中位数为90秒。

这个结果表明，当面对复杂的选择问题时，人们所采用的过程具有共性。我们通常"剔除"相似的元素将复杂的问题转变为更简单的问题。虽然 d 明显占优于 c，但 a 与 b 之间的比较便没这么容易了。许多实验对象"剔除"了白色，黄色和红色的概率，留下了与绿色的比较，这个过程便导致了他们选择 a。

顺便提及一下，过去几次我在上课时提出这些问题，有些学生(实际上，有些学生很优秀)选择了 c。他们解释说，他们用第一个问题确定了第二个问题，并使用了如下的推理过程：我从 $\{a, b\}$ 中选择了 a。备择项 c 和 d 分别与备择项 a 和 b 一样。那么我从 $\{c, d\}$ 中选择 c 便是很自然的事了。这个观察使我们注意到一个事实，即理性人模型不允许选择依赖于决策者以前作出的选择。

基于推理的选择

有时，进行选择时，需要寻找理由来选择一个备择项而不是选择其他的备择项。当人们在思虑过程中使用的理由与其亟待解决的问题紧密相关时("内部理由")，我们经常发现很难使选择与理性人范式相协调。

譬如，设想一名欧洲学生，若他可以从{普林斯顿大学，伦敦经济学院}中进行选择，他将选择普林斯顿大学，若他必须从{普林斯顿大学，芝加哥大学，伦敦经济学院}中进行选择，他将选择伦敦经济学院。他的解释是，只要他不必在美国的大学之间进行选择(他觉得此选择更困难)，那么他就偏好美国的大学。当他不得不在{普林斯顿大学，芝加哥大学，伦敦经济学院}之中作出选择时，他发现自己很难在普林斯顿大学和芝加哥大学之间作出决定，因此他决定不跨越大西洋了。他的选择不符合条件 α，不是因为在界定备择项时粗心大意(如前面所讨论的餐厅菜单的案例一样)，而是因为他的推理过程是为了避免决策的困难。

一名叫 Federico Filippini 的学生向我提出了一个更好的例子："设想有一位帅哥 Albert，正在寻找一起参加派对的伴儿。Albert 知道有两个爱慕他的女孩，且都愿意参加派对。这两个女孩叫 Mary 和 Laura。两者之中，Albert 更喜欢 Mary。假设 Mary 有一个妹妹，她也爱慕 Albert。Albert 现在必须从三个女孩{Mary, Mary 的妹妹，Laura}中做出选择。有了这第三个选项，我敢打赌，若 Albert 是理性的，他将会带 Laura 参加派对。

另一个例子是 Huber, Payne 和 Puto(1992)给出的：

令 $a=(a_1, a_2)$ 表示"在巴黎度过 a_1 天和在伦敦度过 a_2 天"的假期计划。从四个向量中选择一个向量：$a=(7, 4)$，$b=(4, 7)$，$c=(6, 3)$ 及 $d=(3, 6)$。

实验中的实验对象均认为"在巴黎度过一天和在伦敦度过一天"是合意的选择。有些实验对象被要求在三个备择项{a, b, c}中作出选择，其他的要从{a, b, d}中作出选择。实验对象展示出明显的倾向：在集合{a, b, c}中选择 a，而在{a, b, d}中选择 b。

Shafir、Simonson 和 Tversky(1993)报告了一个相关的实验：一组实验对象被要求在定价为 $170 和同一生产商制造的另一款定价为 $240 质量更好的相机之间作出选择。另一组实验对象被要求在三种相机间作出选择：其中两台同上述特征描述一样，第三台相机相当专业且定价为 $470。第三个备择项的出现显著增加了实验对象中选择定价 $240 相机的比例。对这种选择的常识性解释是，实验对象面临着两种欲望之间的冲突：如花更少的钱买更好的相机。他们通过选择"妥协的方案"来解决该冲突。

总而言之，决策者希望找到一些理由，来支撑自己偏好某个备择项而不是另一个。通常，使用"外部理由"(它不涉及选择集的属性)进行决策不会导致违背理性的行为。然而，使用"内部原因"(如"因为 a 明显占优于其他备择项 c，而 b 不占优，因此我对备择项 a 的偏好高于备择项 b")，则可能会导致与条件 α 的冲突。

心理计算

以下直观的例子取自 Kahneman 和 Tversky(1984)。一组实验对象被问及如下的问题：

1. 设想你已决定看一场戏剧，并支付了门票 $ 10。但当进入剧院时，你发现票已遗失。座位并没标记你的名字，且丢失的票不能补办。你是否会支付 $ 10 再买一张票呢?

另一组实验对象被要求回答如下问题：

2. 设想你决定去看一场门票为 $ 10 的戏剧，但还未买票。当你到达剧院时，发现自己丢了 $ 10。你还会再支付 $ 10 购买门票吗?

若理性人只关心看戏和财富，他应该意识到，对问题 1 和问题 2 做出肯定的回答是无差别的(在这两种情况下，他都拥有一张门票，且财富减少 $ 20)。同样地，对问题 1 和问题 2 作出否定的回答也是无差异的。因此，理性人应该对这两个问题给出相同的答案。尽管如此，仅有 46%的人表示在遗失第一张票后会再购买一张票，而有 88%的人表示会在丢失钞票后仍购买门票。在我收集的数据中(1 200 名实验对象)，差异要小得多：分别为 64%和 80%。在这种情况下，实验对象可能进行了计算，他们将门票的“心理价格”与其主观价值进行了比较。许多决定不再购买另一张门票的人中，他们将票价看作 $ 20 而不是 $ 10。这个例子表明，决策者可能进行与理性不一致的“心理计算”(mental accounting)。

3.9 对选择过程建模

有大量的证据表明，决策者系统地使用违背经典假设的选择过程，并且缺乏理性人范式。累积的证据影响着经济理论的发展，近年来，我们见证了越来越多的经济模型的引入，这些模型都假设“经纪人遵循备择项选择过程”。在本节中，我们将重点放在试图将这些决策者纳入经济模型的一个特定研究领域。

古典模型的特点是经济人使用选择函数。表达式 $c(A)=a$ 意味着，当决策者从备择项集合 A 中进行选择时，他选择了 a。我们将丰富选择问题的概念，使其不仅包含备择项集合，还包含额外的信息。这些附加信息应与决策者的兴趣无关，但可能影响到他的选择。在这里我们将处理一个案例，其中的附加信息由默认选项组成。表达式 $c(A, a)=b$ 意味着在面对含有默认备择项 a 的选择问题 A 时，决策者选择备择项 b。经验证据和自我反思告诉我们，决策者对默认选项的看法通常是正面的，这种现象被称为**“现状偏见”**(status quo bias)，它将出现在接下来的讨论中。

令 X 表示一个有限备择项集。将**扩展选择函数**(extended choice function)定义为将 A 中的唯一元素赋定给每对(A, a)的一个函数，其中 $A \subseteq X$，$a \in A$。

下面给出了一些扩展选择函数的例子。此概念的丰富性在这些例子中得以体现。

1. 决策者心中有一个解释为标准的序向量($\succ_i$)，以及另一个解释为决策者真实偏好关系的序 $\succ$。按照所有标准，在与 a 同样好的备择项集合中，备择项 $C(A, a)$为“$\succ$ 最优”元素(例如，$\{x \mid$ 对所有的 i，$x \succsim_i a\}$)。

2. 令 d 表示 X 上的距离函数。决策者心中有一个偏好关系。对于某些 d^*，元素 $C(A, a)$为离 a(即位于 $\{x \mid d(x, a) \leqslant d^*\}$)不远的最优备择项。

3. 决策者心中拥有 X 上的一个偏好关系。元素 $C(A, a)$为 A 中的一个备择项，它是按照字母顺序排列的位于 a 之后的第一个备择项，其“$\succ$ 较好”于默认备择项 a。(并且若没有这样的备择项，他将坚持选择默认备择项。)

4. 布里丹的驴：决策者心中有两个标准。若“帕累托最优”的备择项唯一存在，且其“帕累托占优”于默认备择项，则它被决策者选中。若没有这样的备择项，则决策者保持默认备择项的选择。(因为他在面临两难局面时无法作出决策，见 http://en.wikipedia.org/wiki/Buridan's ass。)

5. 默认偏见：决策者的特征在于效用函数 u 和“偏见函数 β”，“偏见

函数 β”对每一个备择项赋定一个非负数。函数 u 解释为代表“真实”偏好。当 x 为默认备择项时，$\beta(x)$为附加到 x 的奖金。给定一个扩展选择函数(A, a)，由 $DBP_{u,\beta}$ 表示的过程选择：

$$DBP_{u,\beta}(A, a)=\begin{cases} x \in A-\{a\}, & u(x)>u(a)+\beta(a) \text{ 且} \\ & u(x)>u(y)\ \forall\, y \in A-\{a, x\} \\ a, & u(x)+\beta(a)>u(x), \\ & \forall\, x \in A-\{a\} \end{cases}$$

对于某些 u 和β，扩展选择函数集可以表示为 $DBP_{u,\beta}$，我们的目标是对其进行特征描述。将采用以下两个假设：

弱公理(WA)

若不存在这样的集合 A 和B，$a, b \in A \cap B$，$a \neq b$，且 $x, y \notin \{a, b\}$（x 和 y 不必完全不同）使得：

1. $c(A, a)=a$ 且$c(B, a)=b$ 或

2. $c(A, x)=a$ 且$c(B, y)=b$。

那么我们称扩展选择函数 c 满足弱公理。

弱公理指出

1. 若在一个选择问题中 a 是默认备择项，且其显示偏好于 b，那么不可能存在其他的选择问题，使得在 a 是默认备择项的情况下，b 显示偏好于 a。

2. 若在一个选择问题中 a 和b 都不是默认备择项，但 a 显示偏好于 b，那么不可能存在其他的选择问题，使得在 a 和b 不是默认备择项的情况下，b 显示偏好于 a。

说明

WA 意味着，对于每一个 a，存在一个偏好关系 $\succ_a$ 使得$c(A, a)$是 A 中“$\succ_a$ 最大”元素。为说明这个结论，令

$$Y_a = \{x \mid x \neq a, \text{且存在集合 } B \text{ 使得 } c(B, a) = x\}$$

对于任意 $Y \subseteq Y_a$，大集合 Y_a 由 $D(Y) = c(Y \cup \{a\}, a)$ 的方式定义，考虑在该集合上的选择函数。通过对扩展函数 c 应用 WA，Y_a 上的选择函数 D 满足条件 α，因此在 Y_a 上存在一个序 $\succ_a$ 使得 $D(Y)$ 是 Y 中"$\succ_a$ 最大"的。扩展 $\succ_a$，使得 a 恰好小于 Y_a 中的所有元素，大于 Y_a 外的所有元素，Y_a 可按照任意方式排列，便得到此结论。

默认倾向(DT)

若 $c(A, x) = a$，那么 $c(A, a) = a$。

第二个假设说明，在备选项不变的情况下(集合 A 的元素)，当 a 不是默认备选项的时候(此时默认备选项为 $x \neq a$)，决策者的最优选择是 a，那么当 a 成为默认备选项时，决策者的选择不会因此改变，仍会选择 a。

命题

扩展选择函数 c 满足 WA 和 DT，当且仅当它是一个默认偏置过程。

证明

考虑以函数 u 和函数 β 为特征的默认偏置过程 c。它满足：

DT：若 $c(A, x) = a$ 且 $x \neq a$，那么对于 A 中任意的 $y \neq a$，有 $u(a) > u(y)$。因此，对于 A 中任意的 $y \neq a$，也有 $u(a) + \beta(a) > u(y)$ 且 $c(A, a) = a$。

WA：对于任意两个集合 A 和 B，$a, b \in A \cap B$，$a \neq b$，

1. 若 $c(A, a) = a$ 且 $c(B, a) = b$，那么我们同时有 $u(a) + \beta(a) > u(b)$ 和 $u(b) > u(a) + \beta(a)$；

2. 若 $c(A, x)=a$，$c(B, y)=b(x, y \notin \{a, b\})$，那么我们同时有 $u(a)>u(b)$ 和 $u(b)>u(a)$。

另一方面，令 c 为满足 WA 和 DT 的一个扩展选择函数。在 $X\times\{0, 1\}$ 上定义关系 $\succ$，如下：

● 对任意一对(A, x)，其中 $c(A, x)=x$，对所有的 $y\in A-\{x\}$，定义 $(x, 1)\succ(y, 0)$。

● 对任意一对(A, x)，其中 $c(A, x)=y\neq x$，对所有的 $z\in A-\{x, y\}$，定义 $(y, 0)\succ(x, 1)$ 和 $(y, 0)\succ(z, 0)$。

● 扩展关系使得对于 $x\in X$，有 $(x, 1)\succ(x, 0)$。

这个关系不必定是完备的或可传递的，但由 WA 知其应是不对称的。我们将把 $\succ$ 扩展为 $X\times\{0, 1\}$ 上的一个完整的序，表示为 $\succ^*$。从习题集 1 中第 4 题可知，我们只需要证明该关系没有周期特征即可。

假设 $\succ$ 有周期并考虑一个最短周期。由 WA 知，不存在长度为 2 的周期，因此其最短周期必须至少为 3。步骤(a)和步骤(b)证明了最短周期不可能包含连续对 $(x, 0)\succ(y, 0)$。

a. 假设周期包含连续段 $(x, 0)\succ(y, 0)\succ(z, 1)$。

假设 $z=x$，令 A 为包含 x 和 y 的集合，并令 a 为 A 中第三个备择项，使得 $c(A, a)=x$。那么由 DT 可知，$c(A, x)=x$ 及 $(x, 1)\succ(y, 0)$ 与 WA 冲突。若 $z\neq x$，那么存在集合 A 使得 $c(A, z)=y$。因为 $(x, 0)\succ(y, 0)$，则有 $c(A\cup\{x\}, z)=x$ 和 $(x, 0)\succ(z, 1)$。因此我们可以缩短周期。

b. 假设周期包含连续段 $(x, 0)\succ(y, 0)\succ(z, 0)$，由 WA 知，这三个元素是不同的。因为 $(y, 0)\succ(z, 0)$，存在集合 A 包含 y 和 z，$a\in A$ 使得 $c(A, a)=y$。若 $a\neq x$，那么有 $c(A\cup\{x\}, a)=x$ 及 $(x, 0)\succ(z, 0)$，这便允许我们缩短周期。若 $a=x$（即若 $c(A, x)=y$），则 $(x, 0)\succ(y, 0)\succ(x, 1)$，因此与 DT 矛盾。

仍需证明的是，最短的周期不可能包含如下类型的连续段：

c. $(x, 0)\succ(y, 1)\succ(z, 0)$ 且 $y\neq z$。若是这种情况，那么 $c(\{x, y, z\}, y)=x$ 且 $(x, 0)\succ(z, 0)$，因此可以缩短周期。

d. $(x, 0)\succ(y, 1)\succ(y, 0)\succ(z, 1)$。由 DT 知 $z\neq x$，由定义

知 $z \neq y$。考虑 $c(\{x, y, z\}, z)$。由 WA 和 $(y, 0) \succ (z, 1)$ 知，其值不可能为 z。若 $c(\{x, y, z\}, z)=x$，则有 $(x, 0) \succ (y, 0)$，那么可以缩短周期。若其等于 y，则有 $(y, 0) \succ (x, 0)$，我们同样可以缩短周期。

我们可以得出结论：$\succ$ 没有周期。

现在，令 v 为效用函数，表示为 $\succ^*$。定义 $u(x) = v(x, 0)$ 和 $\beta(x) = v(x, 1) - v(x, 0)$，可得出此结论。

1. 若 $c(A, a)=a$，那么对于所有的 $x \in A-\{a\}$，有 $(a, 1) \succ (x, 0)$，因此对于所有的 x，有 $u(a) + \beta(a) > u(x)$，也即 $c(A, a) = DBP_{u, \beta}(A, a)$。

2. 若 $c(A, a)=x$，那么对于所有的 $y \in A-\{a, x\}$，有 $(x, 0) \succ (a, 1)$ 且 $(x, 0) \succ (y, 0)$。对于所有的 $y \in A-\{a, x\}$，有 $u(x) > u(a)+\beta(a)$ 和 $u(x) > u(y)$。因此，$c(A, a) = DBP_{u, \beta}(A, a)$。

关于公理化重要性的说明

1. 公理化有一种美学上的魅力，然而，我怀疑经济学家构造的模型中使用这种公理化的必要性。正如经济学中的其他惯例一样，这种做法似乎是一种进入障碍，给研究者造成了不必要的负担。

2. 我认为，使用这种公理化方法的一个重要的必要条件是，我们可以提出合理的选择过程的例子，这些例子满足公理的要求，并且没有被我们所使用的公理化语言清楚地界定。你能为上述的公理找到这样一个过程吗？我不能。事实上，经济学领域的许多公理化过程都缺乏这样的例子，因此，尽管它们具有美学价值（并且尽管我自己也使用了公理化的方法），但是我觉得它们是徒劳的。

▶ 参考文献

Kreps(1988)对本讲的主题来说，是一本很适合阅读的书。对于选择一致性的原由及显示偏好假设，见 Samuelson(1948)，Houthakker(1950)和 Richter(1966)。Simon(1955)是讨论满意问题的来源。对于选择的理性化方法的讨论，见 Rubinstein(1998)。Sen(1993)对本讲的主题提供了一个更哲学的讨论。Yaari(1985)对荷兰赌论有很好的介绍。Kahneman 和 Tversky(2000)是一本权威的教科书，它对理性的经济学方法提出了心理学方面的批评。Rabin(1998)探讨了现代经济学和心理学方法。Massatliglu 和 Ok(2005)研究了 DBP 过程。在本讲中，基于 Rubinstein 和 Salant(2006b)，我们沿用了简单的公理化方法。

习题集 3

习题 1(简单题)

以下是决策过程的描述。讨论:以下决策过程是否可以用本章的选择模型的框架去分析?是否与“理性人”范式兼容?

a. 决策者为了使另外一个人的痛苦达到最大而作出决策。

b. 决策者让他的两个孩子对备择项进行排序,并选择了其中平均最优的备择项。

c. 决策者心中有一个最理想的备择项,并选择与其最接近的备择项。

d. 决策者选择了在可选集合中出现频率最高的一个备择项。

e. 决策者能够对可选集合中的备择项进行排序,并且选择了排名中间的备择项。

习题 2(中等难度)

若对于每一个集合 A 及它的真子集 A_1 和 A_2(A_1, $A_2 \neq \varnothing$, $A = A_1 \cup A_2$, $A_1 \cap A_2 \neq \varnothing$),有 $C(A)=C(C(A_1) \cup C(A_2))$,则称选择对应关系式 C 满足**路径独立性**。(当然此定义也适用于选择函数。)

a. 证明:一个理性的决策者肯定满足路径独立性。

b. 举出不满足该性质的决策过程的例子。

c. 证明:如果一个选择函数满足路径独立性,那么其一定满足条件 α。

d. 找到一个选择对应，它满足路径独立性，但是不能理性化。

习题 3（简单题）

令 X 是一个有限集。检验以下三个选择对应关系是否符合 WA：

$C(A)=\{x \in A \mid$ 满足 $V(x) \geqslant V(y)$，且 $y \in X$ 的数量不少于 $|X|/2\}$，且如果集合是非空的，那么 $C(A)=A$。

$D(A)=\{x \in A \mid$ 满足 $V(x) \geqslant V(y)$，且 $y \in X$ 的数量不少于 $|A|/2\}$。

$E(A)=\{x \in A \mid$ 对每一个 $y \in A$，有 $x \succ_1 y$ 或者 $X \succ_2 y\}$，其中，$\succ_1$ 和 $\succ_2$ 是集合 X 上的两个序。

习题 4（中等难度）

考虑以下的选择过程：在集合 X 上决策者有一个严格序关系 $\succsim$，并且他为每一个 $x \in X$ 赋定一个自然数**类，class(x)**，解释为 x 的类。给定一个选择问题 A，他将会选择 A 中最好的元素，而且这个元素是在 A 中"最普通"类（即，A 中出现次数最多的元素）。如果，A 中不只一组这样的"最普通"类。那么他就会从中选择一个最高类数的最常见类。

a. 这个选择过程符合"理性人"范式吗？

b. 定义这样一个关系，xPy 表示在$\{x, y\}$中，他选择了 x。证明：这个关系 P 是一个严格序关系（即满足完备性，非对称性和可传递性）。

习题 5［中等难度，基于 Kalai、Rubinstein 和 Spiegler(2002)］

考虑以下两个选择过程。解释这些过程，并且尝试去说服一个怀疑者，使其相信这些选择过程是"有意义"的。确定以下两个选择过程是否满足理性人模型。

a. 选择过程的原函数是定义在集合 X 和数值 v^* 的两个数值函数（一一对应）u 和 v。对于任意给定的选择问题 A，令 $a^* \in A$ 是 u 在 A 上的极大值，令 $b^* \in A$ 是 v 在 A 上的极大值。若 $v(a^*) \geqslant v^*$，则决策者将选择 a^*；若 $v(a^*) < v^*$，决策者将选择 b^*。

b. 选择过程的原函数是定义在集合 X 和数值 u^* 的两个数值函数(一一对应)u 和 v。对于任意给定的选择问题 A,若 $u(a^*) \geqslant u^*$,决策者将选择 $a^* \in A$,其中 a^* 在 A 上最大化 u;若 $u(a^*) < u^*$,决策者将选择 b^*,其中 b^* 在 A 上的最大化 v。

习题 6[中等难度,基于 Rubinstein 和 Salant(2006a)]

标准的经济学选择模型往往假设我们从一个集合中作出选择。现在,我们构造一个模型,在该模型中,我们是从一个序列中作出选择。(注意:序列 $\langle a, b\rangle$ 和 $\langle a, a, b\rangle$、$\langle b, a\rangle$ 有区别。)

令 X 是一个有限"全集"。序列 A 由集合 X 上的非空有限向量的元素组成。在该问题中,考虑选择函数 C,为每一个向量 $L=\langle a_1, \cdots, a_k\rangle$ 赋定 $\{a_1, \cdots, a_k\}$ 中的一个元素。令 $\langle L_1, \cdots, L_m\rangle$ 是序列 m: $L_1, \cdots, L_m$ 的串联。(注意:如果 L_i 的长度是 k_i,那么这个串联的长度是 $\sum_{i=1,\cdots,m} k_i$)。如果存在一个序列 M 使得 $L'=\langle L, M\rangle$,我们就说序列 L' 是 L 的延伸。

性质 I:若对所有的 $L_1, \cdots, L_m$,都有 $C(\langle L_1, \cdots, L_m\rangle) = C(\langle C(L_1), \cdots, C(L_m)\rangle)$,则称选择函数 C 满足性质 I。

a. 解释性质 I。举出两个符合性质 I 的选择函数和两个不符合性质 I 的选择函数的例子。

b. 规范地定义选择函数的下述两个性质:

序列不变性:改变列表中元素的排序不影响最后的选择。

复制不变性:删除序列中的一个重复元素不改变最后的选择。

证明:如果函数满足复制不变性,那么该函数一定满足序列不变性。

c. 描述满足复制不变性和性质 I 的选择函数的特征。

现在我们假设在决策者的脑海中有一个定义在集合 X 上的价值函数 u(如果 $x \neq y$,那么 $u(x) \neq u(y)$)。对于任意的选择函数 C,定义 $v_C(L)=u(C(L))$。

如果选择函数 C 满足:只要 L' 是 L 的延伸,那么必然有 $v_C(L') \geqslant v_C(L)$,且存在一对序列 L' 和 L 使得 L' 是 L 的延伸,$v_C(L') >$

$v_C(L)$，那么，我们就说 C **容纳**了更长的序列。

d. 给出两个有趣的选择函数例子，使其满足“容纳更长的序列”的性质。

e. 给出两个有趣的选择函数例子，使其满足性质 I 但是不满足“容纳更长的序列”的性质。

习题 7[难题，基于 Rubinstein 和 Salant(2006a)]

X 是一个有限集。若存在一组偏好关系 $\{\succ_a\}_{a \in X}$（不必要是不同的）和 X 上的序 O，使得对于每个集合 $A \subset X$，$c(A)$是 A 上 $\succ_a$ 最大元素，其中，a 是 A 中的 O-最大元素。那么，我们称选择函数 C 是字典序理性的。

遵循该过程的决策者受该集合（由 O 来表示的）中最显著元素的吸引，若 a 为那个元素，则他将应用序 $\succ_a$ 并从集合中选出 $\succ_a$ 最优的元素。

对于每个集合 A，总存在 $a \in A$ 使得如果 $a \in A'' \subset A' \subset A$ 且 $c(A') \in A''$，那么 $c(A'') = c(A')$，我们称 c 满足**参考点性质**。

a. 证明：当且仅当满足参考点性质时，选择函数是字典序理性的。

b. 尝试想出一个选择过程，使该过程满足参考点公理，但是并不是用字典序理性选择函数的语言来描述（答案还不确定）。

习题 8[难题，基于 Cherepanov、Fedderson 和 Sandroni(2008)]

考虑这样的一个决策者，他心中有一套理由和一个非对称的、完备的关系，该关系式是定义在集合 X 上的。给定 $A \subset X$，他将会作出理性情况下的最优选择。

规范地，我们称选择函数 c 是理性化的，如果它满足以下条件：存在一个非对称的完备关系 $\succ$（不一定是可传递的！）和一组偏序（非对称和可传递）$\{\succ_k\}_{k=1,\cdots,K}$（称为理由）。$c(A)$是从集合 A 所发现的最大的备择项中选出的 $\succ$ 最大备择项。这些最大的备择项是指至少在某个理由下是最优的。（给定一个二元关系 $\succ$，若对于所有的 $y \in A$，都有 $x \succ y$，我们称 x 是集合A 上的 $\succ$ 最大元素。）假设通过这些关系选择过程总是能找到解。

弱弱显示偏好公理（Weak Weak Axiom of Revealed Preference, WWARP）：如果对所有的 $\{x, y\} \subset B_1 \subset B_2 (x \neq y)$，$c\{x, y\} = c(B_2)$，那么 $c(B_1) \neq y$。

a. 证明：当且仅当选择函数是理性的，它才会满足 **WWARP**。为证明这一点，可以对每个选择问题构造一个理由。

b. 对于此公理，你有什么想法？

考虑“温暖—光芒”过程：决策者心中有两个序：一个是有道德的排序 $\succsim_M$，另一个是自私的排序 $\succsim_S$。如果相比于自私条件下的最优选择，道德条件下的最优选择并不会使决策者“损失”很多，那么他就会选择道德条件下的最优选选项。规范地，对于每一个备择项 s，存在某个备择项 $l(s)$，使得如果自私条件下的最优选项是 s，那么当 $m \succsim_S l(s)$ 时，他会选择 m，当 $l(s) \succsim_S m$ 时，他会选择 s。

函数 l 满足：(i) $s \succsim_s l(s)$ 及 (ii) $s \succsim_S s'$ 意味着 $l(s) \geqslant_S l(s')$。

c. 证明：这个过程满足 **WWARP**。

d. 证明：“温暖—光芒”过程是理性的（从定义的角度去解决问题）。

▶第 4 讲

消费者偏好

4.1 消费者的世界

到目前为止，我们一直处理的是理性选择的基本经济模型。在本讲中，我们将讨论理性人范式的特例：**消费者**。消费者是指在可得的商品组合之间进行选择的经济人。如往常一样，我心中有一个特定的形象：一位女士拿着钱到市场上去，并带回一大堆商品。

同之前一样，我们将首先讨论消费者的偏好和效用，然后再讨论消费者的选择。第一步是将抽象的集合 X 转变为更为详细的结构。令 X 为 $\mathbb{R}_+^K=\{x=(x_1,\cdots,x_K)\mid x_k\geqslant 0$，对于所有的 $k\}$。X 的元素称为一个**商品束**。一个商品束 x 解释为 K 个商品的组合，其中 x_k 是商品 k 的数量。

给定 X 的这个特殊解释，除了一般性的偏好假设之外，我们还要对偏好附加一些额外的条件。额外的三个条件将涉及集合 X 的空间结构：单调性使用了轴上的序（这是指消费者按照特殊商品的数量对商品束进行比较的能力）；连续性使用了拓扑结构（这是指分析闭性的能力）；凸性使用了代数结构（这是指研究两个商品束加总，以及商品束数乘的能力）。研究无差异曲线的分布，对描述消费者偏好的性质来说将是有用的，对于某些商品束 x，无差异曲线是 $\{y\mid y\sim x\}$ 这种类型的集合（见习题集 1 中的习题 1）。

4.2 单调性

单调性这种性质赋予了商品“有利物品”的含义。这是个让该物品

"多多益善"的条件。增加某些商品的数量,并不会有损失,并且,增加所有商品的数量是一件严格满意的事。规范地有:

单调性

关系$\succsim$在商品束 y 处满足单调性,如果其对于所有的 $x \in X$ 都有:

对于所有的 k,若 $x_k \geqslant y_k$,那么有 $x \succsim y$,以及

对于所有的 k,若 $x_k > y_k$,那么有 $x \succ y$。

关系$\succsim$若在每一个商品束 $y \in X$ 处均满足单调性,则称其满足**单调性**。

在有些情形下,我们还会进一步假设,增任一商品的数量都将使消费者感到更加快乐。

强单调性

对于所有的 $x, y \in X$,若有:

对于所有的 k,且 $x \neq y$,若 $x_k \geqslant y_k$,那么 $x \succ y$。

则称关系$\succsim$满足**强单调性**。

关系$\succsim$若在每一个 $y \in X$ 处均满足强单调性,则称其满足**强单调性**。

当然,当偏好可以用效用函数表示时,满足单调性(或强单调性)的偏好,便可以用单调递增效用函数(或强单调递增效用函数)来表示。

例

- $\min\{x_1, x_2\}$ 所表示的偏好,满足**单调性**,但不满足**强单调性**。
- $x_1 + x_2$ 所表示的偏好,满足**强单调性**。
- 欧氏空间上的标准距离函数表示为 $d(x, y) = \sqrt{\sum (x_k - y_k)^2}$。

有时在文献中会出现一个与单调性有关的性质,叫非饱和性。偏好在商

品束 y 处满足**非饱和性**：对于任意 $\varepsilon>0$，存在一些距离 y 小于 ε 的 $x\in X$，使得 $x\succ y$。用 $u(x)=-d(x,x^*)$ 表示的偏好关系不满足单调性，但是除 x^* 点外，在每一个商品束处均是非饱和的。在商品束 y 处，每一个单调的偏好关系都是非饱和的，反之不然。

4.3 连续性

我们将使用 $\mathbb{R}_+^K$ 上的拓扑结构(其标准距离函数 d 如上所述)，应用到第 2 讲中所讨论的连续性定义。我们称偏好$\succsim$满足连续性，如果对于所有的 $a,b\in X$，若有 $a\succ b$，则存在一个 $\varepsilon>0$，使得对于任意 x 和 y，有 $x\succ y$，且有 $d(x,a)<\varepsilon$ 和 $d(y,b)<\varepsilon$。

4.4 效用表示的存在性

德布鲁定理保证了任意连续的偏好关系都可以由某个(连续的)效用函数来表示。若我们还假设存在单调性，那么我们有一个简洁而又优美的证明：

定理

任何满足单调性和连续性的消费者偏好关系，均可由一个效用函数加以表示。

证明

首先证明，对于每一个商品束 x，存在位于主对角线上的一个商品束(所有商品有相同的数量)，使得消费者在该商品束和商品束 x 之间是无差异的(见图 4.1)。商品束 x 至少与商品束 $0=(0,\cdots,0)$ 一样好。另一方面，商品束 $M=(\max_k\{x_k\},\cdots,\max_k\{x_k\})$ 至少与商品束 x 一样好。商品束 0 和商品束 M 均位于主对角线上。由连续性可知，在主对角线上存在一个商品束与 x 无差异(见习题集 2)。由单调性知,该商品束是唯一的;将其记为 $(t(x), \cdots, t(x))$。令 $u(x)=t(x)$。为证明函数 u 表示这个偏好,应注意到:由偏好 $x \succsim y$ 的传递性可知,当且仅当 $(t(x), \cdots, t(x)) \succsim (t(y), \cdots, t(y))$ 时,有 $x \succsim y$;由单调性可知,当且仅当 $t(x) \geqslant t(y)$ 时,上式为真。

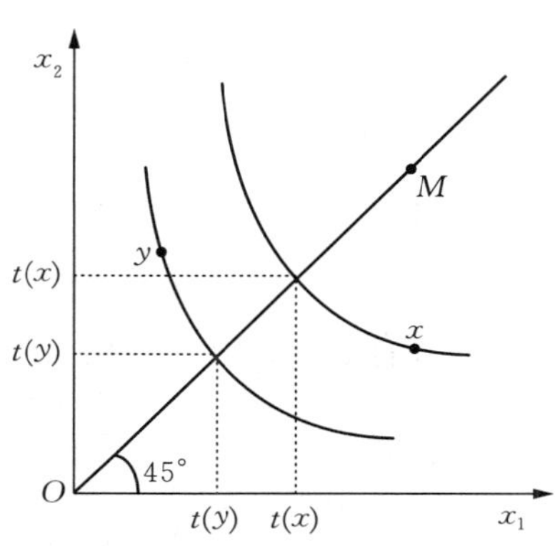

图 4.1 效用函数的构造

4.5 凸性

譬如,考虑以下情形,备择项为某个政治职位的候选人,并按照如下的方式从左至右排列:

$$-a-b-c-d-e-$$

在正常情况下,若我们知道投票者对 b 的偏好超过了 d,那么有结论:

- 他对 c 的偏好超过 d,但是,a 跟 d 比较而言,他未必会更偏好 a(因为候选人 a 可能太极端了)。
- 他对 d 的偏好超过 e(即我们认为从 d 出发,向左或向右移动会改善他的状况是不可信的)。

偏好凸性的概念反映了两种相似的直觉,适用于备择项集存在"地缘"特征的情况,通过这种方式,我们可以讨论两个备择项之间的另一个备择项。

- 若 x 偏好于 y，那么从 y 出发向 x 移至半途，也会产生改进。
- 若 z 位于 x 和 y 之间，那么，不可能出现 x 与 y 都比 z 要好的情形。

凸性假设适用于以下情形："若移动是一种改进的话，那么移动至半途也应产生改进"的观点为真，而"若移动会造成损害，那么移动至半途也会造成损害"的观点为假。

下面给出了这两个直觉的形式化分析：

凸性 1

若 $x \succsim y$ 且 $\alpha \in (0,1)$，有 $\alpha x+(1-\alpha)y \succsim y$，则称偏好关系 $\succsim$ 满足凸性 1（图 4.2）。

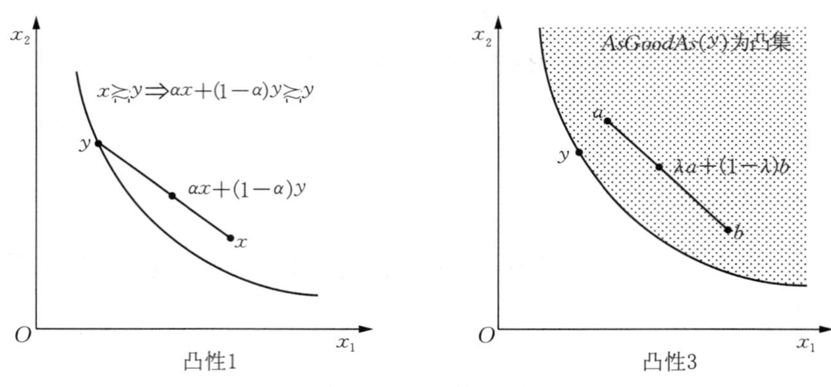

图 4.2　凸性的两种定义

凸性 2

若对于所有的 x，y 和 z（$z=\alpha x+(1-\alpha)y$），且对于某些 $\alpha \in (0,1)$，使得 $z \succsim x$ 或 $z \succsim y$ 成立，则称偏好关系 $\succsim$ 满足凸性 2。

凸性的另一定义使用了如下凸集的概念。回忆：若对于所有的 a，$b \in A$，且对于所有的 $\lambda \in [0,1]$，存在 $\lambda a+(1-\lambda)b \in A$，则称集合 A 为凸集。

凸性 3

若对于所有的 y，集合 $AsGoodAs(y)=\{z \in X \mid z \succsim y\}$ 为凸，则称偏好关系$\succsim$满足凸性 3(图 4.2)。

此定义说明了以下直觉：若 z_1 和 z_2 均好于 y，那么 z_1 和 z_2 的平均数也一定好于 y。

我们将继续说明这三个定义是等价的。

定理

若偏好关系$\succsim$满足条件“凸性 1、凸性 2 和凸性 3”三者其中之一，则其仍满足其他两个条件。

证明

假设$\succsim$满足凸性 1，令 $x, y, z \in X$，使得对某个 $\alpha \in (0, 1)$，有 $z=\alpha x+(1-\alpha)y$。不失一般性地，假设 $x \succsim y$。由凸性 1，可得 $z \succsim y$。因此，$\succsim$满足凸性 2。

假设$\succsim$满足凸性 2，并令 $z, z' \in AsGoodAs(y)$。则由凸性 2 可知，$\alpha z+(1-\alpha)z'$ 至少与 z 一样好或至少与 z'一样好(或两者都满足)。在任何情形下，由传递性都有 $\alpha z+(1-\alpha)z' \succsim y$，即 $\alpha z+(1-\alpha)z' \in AsGoodAs(y)$，因此，$\succsim$满足凸性 3。

假设$\succsim$满足凸性 3。若 $x \succsim y$，那么 x 和 y 均位于 $AsGoodAs(y)$ 中，因此有 $\alpha x+(1-\alpha)y \in AsGoodAs(y)$，这意味着 $\alpha x+(1-\alpha)y \succsim y$。因此，$\succsim$满足凸性 1。

凸性还有一个强形式的定义。

严格凸性

若 $a \succsim y$，$b \succsim y$，$a \neq b$，且 $\lambda \in (0, 1)$，那么有 $\lambda a+(1-\lambda)b \succ y$，

则称偏好关系$\succsim$满足**严格凸性**。

例

$\sqrt{x_1}+\sqrt{x_2}$ 所表示的偏好满足严格凸性。$\min\{x_1, x_2\}$ 和 x_1+x_2 所表示的偏好满足凸性，但不满足严格凸性。字典序偏好满足严格凸性。$x_1^2+x_2^2$ 所表示的偏好不满足凸性。

我们现在来看凸偏好的效用表示特征。

拟凹性

若对于所有的 y，集合 $\{x \mid u(x)\geqslant u(y)\}$ 是凸集，则称函数 u 为拟凹函数。

拟凹性的概念与凹性的概念相似，原因在于，对于任意拟凹函数或是凹函数 f，对于任意 y，集合 $\{x \mid f(x)\geqslant f(y)\}$ 是凸集。(回忆：对于所有的 x, y，u 若是凹的，且 $\lambda\in[0, 1]$，有 $u(\lambda x+(1-\lambda)y)\geqslant\lambda u(x)+(1-\lambda)u(y)$。)

显然，若偏好关系可由效用函数表示，那么当且仅当效用函数是拟凹函数时，它才是凸的。然而，$\succsim$的凸性并不说明用来表示$\succsim$的效用函数是凹的。再者，存在一些连续的凸性的偏好无法用一个凹的效用函数表示的例子。考虑$\mathbb{R}$上定义为若 $x\geqslant y$ 或 $y<0$ 的关系 $x\succsim y$。

4.6 偏好的特例

在经济学中，我们常常讨论的消费者在单调性，连续性和凸性方面均有些变化。我们将这样的消费者称为“古典消费者”。通常，我们将一些比较小众的消费者偏好用额外的特征进行区分。下面给出了文献中“常见的”某些偏好关系。

位似偏好

对于所有的 $\alpha \geqslant 0$，若 $x \succsim y$，则必然有 $\alpha x \succsim \alpha y$，则称偏好$\succsim$是位似偏好（见图 4.3）。

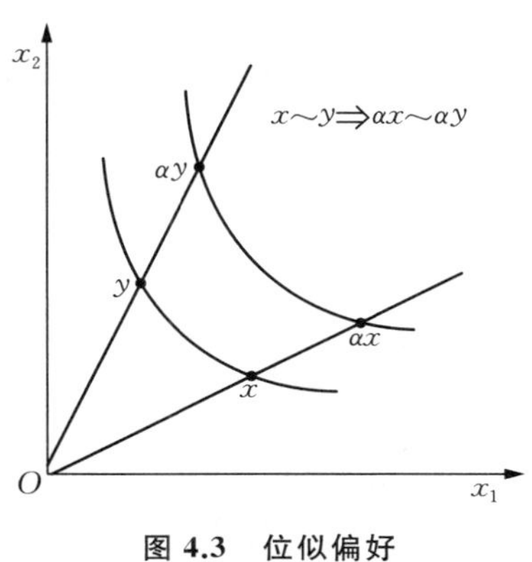

图 4.3　位似偏好

$\prod_{k=1,\cdots,K} x_k^{\beta_k}$（其中 β_k 为正）表示的偏好，是位似偏好。更一般地，任意 λ 阶次的齐次效用函数 u 所表示的任何偏好关系，都是位似偏好（即 $u(\alpha x)=\alpha^{\lambda}u(x)$ 是位似的）。因为当且仅当 $u(x) \geqslant u(y)$，当且仅当 $\alpha^{\lambda}u(x) \geqslant \alpha^{\lambda}u(y)$，当且仅当 $u(\alpha x) \geqslant u(\alpha y)$，有 $\alpha x \geqslant \alpha y$。字典序偏好也是位似偏好。

定理

在商品束空间中，任意位似、连续、单调的偏好关系，均可以由一次齐次的连续效用函数来表示。

证明

我们已证明了，任意商品束 x 在主对角线上有唯一的商品束 $(t(x), \cdots, t(x))$ 使得 $x \sim (t(x), \cdots, t(x))$，且函数 $u(x)=t(x)$ 表示$\succsim$。由偏好是位似的假设可知，$\alpha x \sim (\alpha t(x), \cdots, \alpha t(x))$ 且 $u(\alpha x)=\alpha t(x)=\alpha u(x)$。

证明 u 是连续的将留给大家作为练习。

拟线性偏好

若 $x \succsim y$，可以推出 $(x+\varepsilon e_1) \succsim (y+\varepsilon e_1)$（其中，$e_1=(1, 0, \cdots, 0)$ 且 $\varepsilon > 0$），那么，则称该偏好为商品 1 上的拟线性偏好（商品 1 被称为"计价物"）。（见图 4.4。）

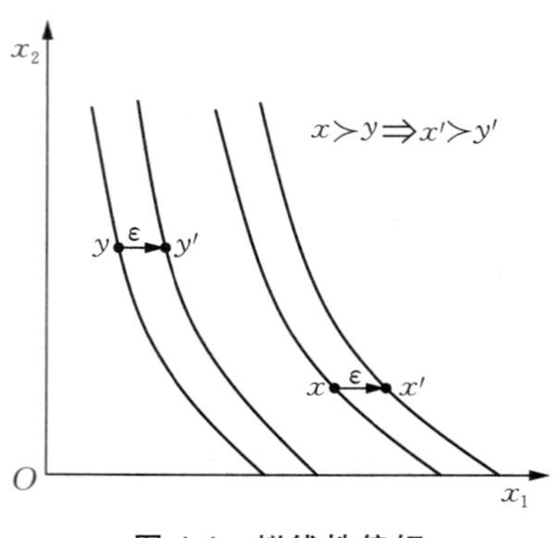

图 4.4　拟线性偏好

商品 1 的拟线性偏好的无差异曲线，彼此之间相互平行（相对于第一个商品的轴）。即，若 I 表示一条无差异曲线，那么集合 $I_\varepsilon=\{x \mid$ 存在 $y \in I$ 使得 $x=y+(\varepsilon, 0, \cdots, 0)\}$ 也是一条无差异曲线。对于某些函数 v 而言，由 $x_1+v(x_2, \cdots, x_K)$ 表示的任意偏好关系，为商品 1 上的拟线性偏好。进一步地，有如下定理：

定理

任何满足强单调性（至少在商品 1 上如此）和商品 1 上的拟线性的连续偏好关系，都可以用形如 $x_1+v(x_2, \cdots, x_K)$ 的效用函数来表示。

为证明此定理，我们需要引入如下引理：

引理

令$\succsim$为商品 1 上的偏好关系，它满足单调性、连续性、拟线性和强单调性。那么，对于任意的 $(x_2, \cdots, x_K)$，总存在一个数值 $v(x_2, \cdots, x_K)$ 使得 $(0, x_2, \cdots, x_K) \sim (v(x_2, \cdots, x_K), 0, \cdots, 0)$。

引理的证明

此处，我仅给出 $K=2$ 的情形的证明。更一般情形的证明将留到习题集中。

令 $T=\{t \mid 对所有的 x_1, 有 (0, t) \succ (x_1, 0)\}$。假设 $T \neq \varnothing$，且 $m=\inf T$。区别两种情况：

(i) $m \in T$。则有 $m>0$ 和 $(1, m) \succ (0, m)$。由连续性可知，存在一个 $\varepsilon>0$ 使得 $(1, m-\varepsilon) \succ (0, m)$，且对于所有 x_1，有 $(1, m-\varepsilon) \succ (x_1+1, 0)$。因为 $m=\inf T$，则存在一个 x_1^* 使得 $(x_1^*, 0) \succsim (0, m-\varepsilon)$，且由商品 1 上的拟线性，有 $(x_1^*+1, 0) \succsim (1, m-\varepsilon)$，矛盾。

(ii) $m \notin T$。对某个 x_1^*，有 $(x_1^*, 0) \sim (0, m)$。由商品 1 的强单调性可知，有 $(x_1^*+1, 0) \succ (0, m)$。由连续性，存在 $\varepsilon>0$，对任意 $m+\varepsilon \geqslant x_2 \geqslant m$，使得 $(x_1^*+1, 0) \succ (0, x_2)$，与 $m=\inf T$ 矛盾。

因此，$T \neq \varnothing$，且对每个 x_2，存在一个 x_1 使得 $(x_1, 0) \succsim (0, x_2) \succsim (0, 0)$，因此由连续性，对某个数值 $v(x_2)$，有 $(v(x_2), 0) \sim (0, x_2)$。

注意到，若没有拟线性的假设，上述结论是不正确的。$m=1$ 时，效用函数 $u(x_1, x_2)=x_2-1/(x_1+1)$ 表示强单调的、连续的偏好。

定理的证明

由引理知，对于每一个 $(x_2, \cdots, x_K)$，存在数值 $v(x_2, \cdots, x_K)$ 使得 $(v(x_2, \cdots, x_K), 0, \cdots, 0) \sim (0, x_2, \cdots, x_K)$。由商品 1 的拟线性性质可知，有 $(x_1+v(x_2, \cdots, x_K), 0, \cdots, 0) \sim (x_1, x_2, \cdots, x_K)$，且由第一个商品的强单调性可知，函数 $x_1+v(x_2, \cdots, x_K)$ 表示 $\succsim$。

因此，我们使用拟线性有两个目的。首先，我们证明了对于每一个商品束 x，存在第一个商品的数量 $u(x)$ 使得 $x \sim (u(x), 0, \cdots, 0)$。

第一个商品的强单调性，使得我们可以用 $u(x)$ 作为表示消费者偏好的效用函数。其次，拟线性被用以表明，函数 u 具有 $x_1+v(x_2, \cdots, x_K)$ 的结构。

上述断言表明，第一个商品中的拟线性的连续偏好关系与如下的过程是一致的：在该过程中，消费者问自己商品 2 到商品 k 的组合（用商品 1 表示）的价值是多少，且此评价与第一个商品的数量无关。

定理

任何在 $\mathbb{R}_+^K$ 上的连续偏好关系 $\succsim$，只要其在所有商品上满足强单调性和拟线性，那么该偏好可以用形如 $\sum_{K=1}^K \alpha_k x_k$ 的效用函数来表示。

在这里，我仅给出 $K=2$ 情形下的两种证明。对任意 K 的更一般情形的证明留到习题集中。

证明 1

由此前的断言知，商品束空间上的偏好关系，可以用函数 $u(x_1, x_2)=x_1+v(x_2)$ 来表示，其中 $(0, x_2) \sim (v(x_2), 0)$。令 $(0, 1) \sim (c, 0)$。

只需证明 $v(x_2)=cx_2$。

假设对于某个 x_2，我们有 $v(x_2)>cx_2$（下面的证明也适用于证明 $v(x_2)<cx_2$ 的情形）。选择两个整数 S 和 T，使得 $v(x_2)/c>S/T>x_2$。

注意到，若 $(a, 0) \sim (0, b)$，对于 $k+l=n$（k，l 和 n 均为非负整数），所有的点 (ka, lb) 均位于同一条无差异曲线上。我们将通过对 n 进行归纳得出证明。由定义知，当 $n=1$ 时，上述结论为真。归纳假设为 $((n-1)a, 0) \sim ((n-2)a, b) \sim \cdots \sim (a, (n-2)b) \sim (0, (n-1)b)$。由商品 1 的拟线性可知，$(na, 0) \sim ((n-1)a, b) \sim \cdots \sim (a, (n-1)b)$，且由商品 2 的拟线性可知，也有 $(a, (n-1)b) \sim (0, nb)$。

因此，有 $(0, Tx_2) \sim (Tv(x_2), 0)$ 和 $(0, S) \sim (Sc, 0)$。然而，因为 $S > Tx_2$，我们有 $(0, Tx_2) \prec (0, S)$，且因为 $Tv(x_2) > Sc$，我们有 $(Tv(x_2), 0) \succ (Sc, 0)$。与题设矛盾。

证明 2

我们将证明，对于所有的 a 和 b，有 $v(a+b) = v(a) + v(b)$。由 v 的定义知，$(0, a) \sim (v(a), 0)$ 且 $(0, b) \sim (v(b), 0)$。由商品 1 的拟线性，可得 $(v(b), a) \sim (v(a)+v(b), 0)$，且由商品 2 的拟线性可知，$(0, a+b) \sim (v(b), a)$。因此，有 $(0, a+b) \sim (v(a)+v(b), 0)$ 及 $v(a+b) = v(a) + v(b)$。

令 $v(1) = c$。那么对于所有自然数 m 和 n，我们有 $v\left(\frac{m}{n}\right) = \frac{cm}{n}$。因为 $v(0) = 0$，且 v 为一个增函数，则对所有的 x 必有 $v(x) = cx$。

（方程 $v(a+b) = v(a) + v(b)$ 被称为柯西函数方程，在没有进一步的假设下，如单调性假设，存在非线性函数满足此方程。）

4.7 可微偏好（及导数在经济学理论中的应用）

在微观经济学中，我们通常假设效用函数是可微的，因此我们可以使用标准的微积分来分析消费者。在本课程中，我（几乎）避开了微积分。从某种程度上说，这是我故意为之，我希望读者可以离开经济理论的“机械”方法。

对于效用函数的可微性，我们可以给出一个“经济学”的解释吗？在本部分，我们将引入一个不常见的**可微偏好**的定义。一般而言，偏好的可微性要求：改进的路径，可以用“局部价格”来描述。

我们仅讨论满足单调性和凸性的偏好。对于任意向量 x，若 $x + z \succ x$，我们称向量 $z \in \mathbb{R}^K$ 为一个**改进**。若从 x 出发，在 d 方向上的任意小的移动是一个改进，也即，存在 λ^*，使得对所有的 $\lambda^* > \lambda > 0$，若向量 λd 是一个改进，则称变化方向 $d \in \mathbb{R}^K$ 为 x 处的改进方向。

令 $D(x)$表示在 x 处的所有改进方向的集合。注意到：

1. 若 $d \in D(x)$，则 $\lambda d \in D(x)$。

2. 若偏好具有严格凸性，则任意改进也是一个改进方向。

3. 若偏好满足强单调性，连续性及凸性，那么任意改进也是一个改进方向。为证明这点，假设 $x+d \succ x$。取 $\lambda^*=1$。对任意 $1>\lambda>0$，我们将证明 $x+\lambda d=\lambda(x+d)+(1-\lambda)x \succ x$。由连续性，存在向量 $z \succ x$，对所有 k，有 $z_k \leqslant (x+d)_k$，且对于 $(x+d)_k>0$，每个 k 严格不等。对于所有的 k，有 $(x+d)_k \geqslant \lambda z+(1-\lambda)x$ 且 $x+\lambda d \neq \lambda z+(1-\lambda)x$。由强单调性，可得 $x+\lambda d \succ \lambda z+(1-\lambda)x$。最后，由凸性，可得 $\lambda z+(1-\lambda)x \succsim x$。因此，$x+\lambda d \succ x$。

4. 给定单调性假设，对于所有 k，若 $d_k>0$，则 $d \in D(x)$。

若存在向量 $v(x)$，其有 K 个非负数字，使得 $D(x)=\{d \in \mathbb{R}^K \mid dv(x)>0\}$（$dv(x)$ 是向量 d 和 $v(x)$ 的内积），则称消费者的偏好$\succsim$在商品束 x 处是可微的。数值向量 $(v_1(x), \cdots, v_K(x))$ 解释为商品的“主观价值”向量。从 x 出发，在由该向量正值表示的方向上的任意小的移动，都是一个改进。若在任意商品束 x 处都可微，则称$\succsim$可微（见图 4.5）。

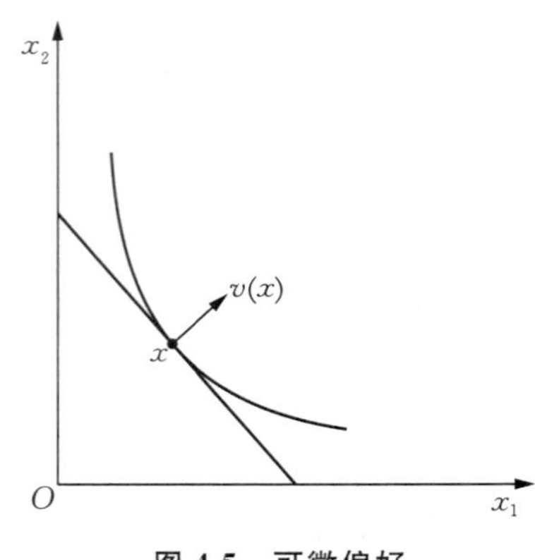

图 4.5　可微偏好

举例说明：

● 由 $2x_1+3x_2$ 表示的偏好是可微的。在每一点 x 处，均有 $v(x)=(2, 3)$。

● 由 $\min\{x_1, \cdots, x_k\}$ 表示的偏好，只在 $x_k<x_l$，对于所有的 $l \neq$

k（验证）的唯一的商品 k 的点上是可微的。譬如，在 $x=(5, 3, 8, 6)$，有 $v(x)=(0, 1, 0, 0)$。

现在我们证明，当偏好$\succsim$由一个有正偏导数及拟凹的效用函数 u 表示时，偏好是可微的。在经济学文献中使用的大多数的效用函数例子，都是可微的。

我们现在加入一些符号。给定可微的效用函数 u，令 $\partial u/\partial x_k(x)$ 表示，在点 x 处，函数 u 对商品 k 的偏导数。令梯度 $\nabla u(x)$ 为这些偏导数的向量。回忆一下，函数 u 在点 x 处可微的含义，从 x 出发，在任意方向 d 上移动，u 的变化率，表示为 $d\cdot\nabla u(x)$。也即 $\lim_{\varepsilon\to 0}\dfrac{u(x+\varepsilon d)-u(x)}{\varepsilon}=d\cdot\nabla u(x)$。

现在，令 $v(x)=\nabla u(x)$。我们将证明 $D(x)=\{d\in\mathbb{R}^K \mid dv(x)>0\}$。

首先证明 $D(x)\subseteq\{d\in\mathbb{R}^K \mid dv(x)>0\}$。相反地，令 $d\in D(x)$，其中 $d\cdot v(x)\leqslant 0$。不失一般性地，令 $x+d>x$，因为如果不满足这一点，我们可以通过调节 d 使之满足。

由连续性可知，存在 $d'\neq d$，对所有的 k，有 $d'_k\leqslant d_k$，使得 $x+d'>x$。由偏好的凸性和强单调性可知（可由 u 的拟凹性和正偏导数得出），有 $d'\in D(x)$。然而，$d'\cdot v(x)<0$，因此由 u 的可微性可知，对于足够小的 δ，有 $u(x+\delta d')<u(x)$。与题设矛盾。

另一方面，$D(x)\supseteq\{d\in R^K \mid dv(x)>0\}$，这可通过 u 的可微性得到。因为 $dv(x)>0$ 意味着对于一个足够小的 ε，有 $u(x+\epsilon)>u(x)$。也即，$d\in D(x)$。

▶ 参考文献

本讲在可微性之前的讨论中使用的内容都是很标准的，与 Arrow 和 Hahn（1971）的内容密切对应。

习题集 4

习题 1（简单题）

考虑在区间[0，1]上连续偏好关系，如果其还是严格凸的，你会如何描述？

习题 2（标准题）

证明：如果偏好关系$\succsim$满足连续性和单调性，那么定义为 $x \sim (u(x), \cdots, u(x))$ 的效用函数 $u(x)$ 是连续的。

习题 3（标准题）

在一个两商品的世界，考虑以下条件：

偏好关系$\succsim$满足凸性 4：如果对所有的 x 和 $\varepsilon > 0$，$(x_1, x_2) \sim (x_1 - \varepsilon, x_2 + \delta_1) \sim (x_1 - 2\varepsilon, x_2 + \delta_1 + \delta_2)$ 能推出 $\delta_2 > \delta_1$。

解释凸性 4，并证明：强单调和连续的偏好关系等价于偏好关系的凸性。

习题 4（标准题）

完成以下命题的证明（对所有的 K）：任意一个连续的偏好关系，在所有商品上其均满足严格单调性和拟线性，那么它可以用效用函数 $\sum_{k=1}^{K} \alpha_k x_k$ 表示，其中对于所有的 k，有 $\alpha_k > 0$。

习题 5(难题)

证明:对于任意的消费者偏好关系$\succsim$,其满足连续性、单调性,并且对商品 1 满足强单调性和拟线性,那么必然存在一个数值 $v(x)$,对于每一个向量 x,有 $x \sim (v(x), 0, \cdots, 0)$。

习题 6(简单题)

可分性:一个偏好关系可以用另一个可加的效用函数表示,即可用形如 $u(x) = \sum_k v_k(x_k)$ 的函数表示。

a. 证明:该偏好关系满足条件 S:对任意商品的子集 J 和商品束 a, b, c, d,我们都有:

$$(a_J, c_{-J}) \geqslant (b_J, b_{-J}) \Leftrightarrow (a_J, d_{-J}) \geqslant (b_J, d_{-J})$$

其中,(x_J, y_{-J}) 是一个向量,该向量表示 x 是从 $k \in J$ 中选取的, y 是从 $k \notin J$ 中选取的。

b. 证明:如果 $K = 2$,该偏好关系满足"海克斯康条件"(Hexagon-condition):

如果 $(a, b) \geqslant (c, d)$, $(c, e) \geqslant (f, b)$,那么$(a, e) \geqslant (f, b)$。

c. 举出一个例子:连续效用关系满足条件 S 但是不满足可分性。

习题 7(难题)

a. 证明:可以用效用函数 $\min\{x_1, \cdots, x_k\}$ 表示的偏好关系不是可微的。

b. 检验在 $\mathbb{R}^2$ 上的字典序偏好的可微性。

c. 假设$\succsim$满足单调性、凸性和可微性。并且对每一个 x,我们有 $D(x) = \{d \mid (x + d) > x\}$,你如何看待这个偏好关系$\succsim$?

d. 假设$\succsim$是满足单调性、凸性和可微性的偏好关系。令 $E(x) = \{d \in \mathbb{R}^K \mid$ 存在一个 $\varepsilon^* > 0$, **对于任意** $\varepsilon < \varepsilon^*$,均有 $x + \varepsilon d < x\}$。

证明:$\{-d \mid d \in D(x)\} \subseteq E(x)$ 但是不一定满足 $\{-d \mid d \in D(x)\} = E(x)$。

e. 考虑一个两商品的世界,消费者的偏好被定义为:

$$u(x_1, x_2)=\begin{cases}x_1+x_2, \text{若 } x_1+x_2 \leqslant 1 \\ 1+2x_1+x_2, \text{若 } x_1+x_2>1\end{cases}$$

证明:该偏好关系是非连续的,但是根据我们的条件来看是可微的。

▶第 5 讲

需求:消费者选择

5.1　理性消费者在预算集中的选择

在第 4 讲中,我们讨论了消费者的偏好。在本讲中我们将应用"理性人"范式来讨论消费者选择。

给定消费者在 $X=\mathbb{R}_+^K$ 上的偏好关系$\succsim$,我们可以讨论他从任意商品集作出的选择。然而,因为我们为"价格模型"奠定了基础,所以接下来将对消费者从称为"预算集"的一类特殊选择问题中作出选择的行为进行分析。**预算集**是一个商品集合,可将其表示为 $B(p, w)=\{x\in X \mid px\leqslant w\}$,其中 p 为正值向量(解释为价格),w 为正值(解释为消费者财富)。

显然,任意集合 $B(p, w)$ 为紧集(因为其由弱不等式定义,所以是闭集;又因为对于任意 $x\in B(p, w)$ 及对所有的 k,有 $0\leqslant x_k\leqslant w/p_k$,所以其是有界集。)又因为若 $x, y\in B(p, w)$,则有 $px\leqslant w$, $py\leqslant w$, $x_k\geqslant 0$, $y_k\geqslant 0$(对所有的 k),所以其也是凸集。因此,对于所有的 $\alpha\in[0, 1]$,有 $p[\alpha x+(1-\alpha)y]=\alpha px+(1-\alpha)py\leqslant w$,且对所有的 k,有 $\alpha x_k+(1-\alpha)y_k\geqslant 0$,也即 $\alpha x+(1-\alpha)y\in B(p, w)$。

我们称"找出 $B(p, w)$ 中的$\succsim$最优商品束"问题为**消费者问题**。

定理

若$\succsim$是一个连续关系,那么所有的消费者问题都有解。

证明

若$\succsim$连续，则其能够用一个连续效用函数 u 来表示。由“效用表示”的定义可知，找出一个$\succsim$最优商品束等价于求解 $\max_{x \in B(p,w)} u(x)$。因为预算集是紧集，且 u 是连续函数，因此，该问题有解。

为强调“效用表示”对于当前的分析不是必须的，以及我们可以利用偏好的概念来完成分析，通过对前面这个定理的直接证明来避开“效用”的概念。

直接证明

对任意 $x \in B(p, w)$，定义集合 $Inferior(x)=\{y \in X \mid x \succ y\}$。由偏好的连续性知，每一个这样的集合都是开集。假设在 $B(p, w)$ 上消费者的$\succsim$最大化问题没有解。那么每一个 $z \in B(p, w)$ 都是某个集合 $Inferior(x)$ 的元素，也即，集合 $\{Inferior(x) \mid x \in B(p, w)\}$ 的集合覆盖了 $B(p, w)$。若开集集合覆盖了一个紧集，则存在拥有有限子集的集合覆盖此开集。因此，存在有限集合 $Inferior(x^1)$, …, $Inferior(x^n)$ 覆盖 $B(p, w)$。令 x^j 表示有限集 $\{x^1, \cdots, x^n\}$ 中的最优商品束，我们可得到 x^j 为 $B(p, w)$ 中的最优商品束。与题设矛盾。

定理

1. 若$\succsim$为凸，则 $B(p, w)$（或任一其他凸集）中选择问题的解集也是凸的。
2. 若$\succsim$严格凸，则每个消费问题至多有一个解。

证明

1. 假设若给定 $B(p, w)$，x 与 y 都最大化$\succsim$的元素。由预算集 $B(p, w)$ 的凸性可知，有 $\alpha x+(1-\alpha)y \in B(p, w)$，且由偏好的凸性

可知，对于所有的 $z \in B(p, w)$，有 $\alpha x + (1-\alpha)y \succsim x \succsim z$。因此，$\alpha x + (1-\alpha)y$ 也是消费者问题的一个解。

2. 假设 x 和 $y(x \neq y)$ 均是消费者问题 $B(p, w)$ 的解，则 $x \sim y$（两者均是同一个最大化问题的解），且 $\alpha x + (1-\alpha)y \in B(p, w)$（预算集是凸的）。由 $\succsim$ 的严格凸性可知，$\alpha x + (1-\alpha)y \succ x$，这与"$x$ 是 $B(p, w)$ 中最大商品束"相矛盾。

5.2 可微偏好的消费者问题

当偏好是可微的时候，我们给出一个"有用的"条件来描述最优解：在 x^* 处（消费者实际消费的）第 k 种商品的"单位货币价值"必须与任何其他商品的"单位货币价值"一样大。

定理

假设消费者的偏好对"主观价值数值" $v_1(x^*)$，…，$v_K(x^*)$ 可微（见第 4 讲中可微偏好的定义）。若 x^* 是消费者问题中的最优商品束，k 为所消费的商品（即 $x_k^* > 0$），则对于所有其他商品 j，必有 $v_k(x^*)/p_k \geq v_j(x^*)/p_j$。

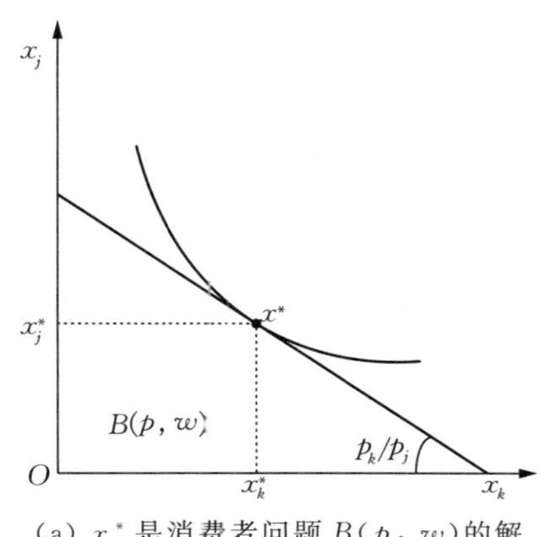

(a) x^* 是消费者问题 $B(p, w)$ 的解

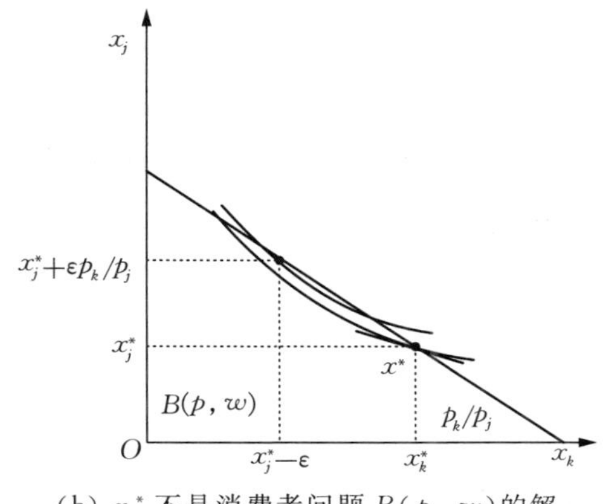

(b) x^* 不是消费者问题 $B(p, w)$ 的解

图 5.1

证明

假设 x^* 是消费者问题 $B(p, w)$ 的一个解，并假设 $x_k^* > 0$ 及 $v_j(x^*)/p_j > v_k(x^*)/p_k$（见图 5.1）。减少 1 单位第 k 种商品的消费量并增加 p_k/p_j 单位第 j 种商品的消费，称在此方向上的一个“移动”为改进，这是因为 $\dfrac{v_j(x^*)p_k}{p_j} - v_k(x^*) > 0$。因为 $x_k^* > 0$，我们可以找到足够小的 $\varepsilon > 0$，使得减少 ε 单位的第 k 种商品的数量，并增加 $\varepsilon p_k/p_j$ 单位的第 j 种商品的数量是可行的。这给消费者带来了一个严格更好的商品束，但与“ x^* 是消费者问题的一个解”冲突。

结论

若 x^* 是消费者问题 $B(p, w)$ 的一个解，且 $x_k^* > 0$，$x_j^* > 0$，那么比率 $v_k(x^*)/v_j(x^*)$ 必定与价格比率 p_k/p_j 相等。

由上面的论述，当偏好可以由一个有正偏导数的可微效用函数表示时，有 $v_k(x^*) = \partial u/\partial x_k(x^*)$，我们可以推导出消费者问题最大化的“经典”的必要条件。

为建立最大化的充分条件，偏好还需满足凸的性质。

定理

若$\succsim$是强单调的、凸的、连续的且可微，若在 x^* 处有：

- $px^* = w$，
- 对于所有的 k，使得 $x_k^* > 0$，且对任意商品 j，有 $v_k(x^*)/p_k \geqslant v_j(x^*)/p_j$，则 x^* 为消费者问题的解。

证明

若 x^* 不是解，那么存在一个商品束 y 使得 $y \leqslant px^*$ 且 $y \succ x^*$。

对于所有的 k 和 $x_k^* > 0$，令 $\mu = v_k(x^*)/p_k$，现在有：

$$0 \geqslant p(y - x^*) = \sum p_k(y_k - x_k^*) \geqslant \sum v_k(x^*)(y_k - x_k^*)/\mu$$

因为：(1) y 是可行的，(2) 对于 $x_k^* > 0$ 的商品 k，我们有 $p_k = v_k(x^*)/\mu$，(3) 对于 $x_k^* = 0$ 的商品 k，有 $(y_k - x_k^*) \geqslant 0$ 和 $p_k \geqslant v_k(x^*)/\mu$。因此，$0 \geqslant v(x^*)(y - x^*)$，与"$(y - x^*)$ 为一个改进方向"矛盾。

5.3 需求函数

我们已经到了构建市场模型的重要阶段，我们将从偏好中推导出需求。假设对任意 $B(p, w)$，消费者的偏好使得消费者问题仅有唯一解。将该解表示为 $x(p, w)$。那么，函数 $x(p, w)$ 称为需求函数。该需求函数的定义域为 $\mathbb{R}_{++}^{K+1}$，值域为 R_+^K。

例

考虑有一个消费者，其拥有两件商品，并具有下述的字典序偏好，这个序关系对商品数量的总和赋予第一优先权，对商品 1 的数量赋予第二优先权：

若 $x_1 + x_2 > y_1 + y_2$，有 $x \succsim y$；或若 $x_1 + x_2 = y_1 + y_2$，且 $x_1 \geqslant y_1$，有 $x \succsim y$。

该偏好关系是严格凸的，但并不连续。它产生了如下的不连续需求函数：

$$x((p_1, p_2), w) = \begin{cases} \left(0, \dfrac{w}{p_2}\right), 若\ p_2 < p_1 \\ \left(\dfrac{w}{p_1}, 0\right), 若\ p_2 \geqslant p_1 \end{cases}$$

我们现在开始研究该需求函数的某些性质。

定理

$x(p, w)=x(\lambda p, \lambda w)$（即需求函数是零次齐次的）。

证明

（无需对偏好关系进行假设）该定理可从基本恒等式 $B(\lambda p, \lambda w)=B(p, w)$ 和消费者的行为就是“从集合中作出一个选择”的假设得出。

该定理不能被解释为“一致的增加不影响结果”。“从集合中作出的选择与选择集的构造方式相互独立”，这是我们的假设，而不是我们得出的结论。我们的选择模型是静态的，且假设消费者在作决策时不受之前决策中的选择影响。当放宽此强假设时，数量的增加将会影响消费者在模型中的行为。

定理（瓦尔拉斯法则）

若偏好是单调的，则消费者问题 $B(p, w)$ 的任意解 x，位于它的预算线上（因此有 $px(p, w)=w$）。

证明

若断言非真，则 $px<w$。存在一个 $\varepsilon>0$，使得 $p(x_1+\varepsilon, \cdots, x_K+\varepsilon)<w$。由单调性，可得 $(x_1+\varepsilon, \cdots, x_K+\varepsilon)\succ x$，因此与“$x$ 是 $B(p, w)$ 中的最优”的假设矛盾。

定理

若 $\succsim$ 是一个连续偏好关系，那么需求函数对价格和财富都是连续的。

证明

再次，我们可以利用偏好具有连续的效用表示的事实，并利用一个标准的“最大化定理”。（令 $f(x)$ 为 X 上的连续函数。令 A 为欧氏空间的子集，令 B 为一个函数，它将每一个 $a \in A$ 赋予 X 的紧子集，使得它的图 $\{(a, x) \mid x \in B(a)\}$ 为闭的。因此，从 A 到 X 的对应的图 h 是闭的，定义为对所有的 $y \in B(a)$，$h(a) = \{x \in B(a) \mid f(x) \geqslant f(y)\}$。）然而，我倾向于另一种直接的不使用效用函数这个概念的证明方法。

假设结论不成立。那么，存在一个价格向量和财富向量序列 (p^n, w^n) 收敛于 (p^*, w^*)，使得 $x(p^*, w^*) = x^*$，且 $x(p^n, w^n)$ 不收敛于 x^*。因此，我们可以假设，(p^n, w^n) 是收敛于 (p^*, w^*) 的一个序列，使得对于所有的 n，对于某个正的 ε，距离 $d(x(p^n, w^n), x^*) > \varepsilon$。

所有的值 p_k^n 均大于某个正值 $p_{\min}$，且所有的值 w^n 小于某个 $w^{\max}$。因此，所有向量 $x(p^n, w^n)$ 属于某个紧集（在商品束的超立方体中，没有数量超过 $w^{\max}/p_{\min}$），因此，不失一般性地（若有必要，选择一个序列），我们可以假设对于某个 $y^* \neq x^*$，有 $x(p^n, w^n) \to y^*$。

因为对所有的 n，有 $p^n x(p^n, w^n) \leqslant w^n$，所以必有 $p^* y^* \leqslant w^*$，也即 $y^* \in B(p^*, w^*)$。因为 x^* 是 $B(p^*, w^*)$ 的唯一解，我们有 $x^* \succ y^*$。由偏好的连续性可知，存在 x^* 和 y^* 的领域 B_{x^*} 和 B_{y^*}，在该邻域中可以保持严格的偏好关系。对于足够大的 n，有 $p^n z^* < w^n$；然而，$z^* \succ x(p^n, w^n)$，这是一个矛盾。

说明

上述的命题适用于以下情形：对于每一个预算集，存在一个唯一的商品束，使得消费者偏好最大化。最大化定理适用于一些预算集具有多个最大值的情况：若$\succsim$是连续偏好，那么集合 $\{(x, p, w) \mid x \succsim y$，对于每个 $y \in B(p, w)\}$ 是闭集。

5.4 理性化需求函数

正如对选择的一般性讨论一样，我们现在将研究选择过程是否与理性人模型相一致。我们可以考虑各种可能的理性化定义。

一种方法是找到一个偏好关系（没有附加任何限制以适于消费者的环境）使得从任意预算集中选中的元素是最大化该预算集中偏好关系的唯一商品束。因此，若对于任意 (p, w)，商品束 $x(p, w)$ 是 $B(p, w)$ 中唯一的“$\succsim$最大”商品束，则我们称偏好$\succsim$完全理性化了需求函数 x。

另一种方法是，我们可以称，“可以理性化”意味着存在偏好使得消费者的行为与最大化那些偏好相一致，也即，对于任意 (p, w)，消费束 $x(p, w)$ 是 $B(p, w)$ 中“$\succsim$最大”（不必是唯一的）的商品束。该定义好像是空话，因为任意需求函数都是与最大化“总无差异”偏好是一致的。这也就是我们通常所说的偏好$\succsim$理性化了需求函数 x，若它们是单调的，且对于任意 (p, w)，商品束 $x(p, w)$ 是 $B(p, w)$ 中一个“$\succsim$最大”商品束的原因。

当然，若选择行为满足零次齐次性和瓦尔拉斯法则，那么在如下的几种情形下，它也依然不必要是可理性化的：

例 1

考虑一个消费者的需求函数，他将他所有的财富都花费到这个“更贵的”商品上：

$$x((p_1, p_2), w)=\begin{cases}\left(0, \dfrac{w}{p_2}\right), \text{若 } p_2 \geqslant p_1 \\ \left(\dfrac{w}{p_1}, 0\right), \text{若 } p_2 < p_1\end{cases}$$

该需求函数并不是完全不可思议的，但它并不是可理性化的。为理解这一点，假设它是可以完全理性化的或可用$\succsim$理性化的。考虑两个预算集 $B((1, 2), 1)$ 和 $B((2, 1), 1)$ 。因为 $x((1, 2), 1)=(0, 1/2)$ 而

$(1/2, 0)$ 是 $B((2, 1), 1)$ 内部的商品束，由两个理性化中的任何一个定义可知，必定存在 $(0, 1/2) \succ (1/2, 0)$。同样地，$x((2, 1), 1) = (1/2, 0)$，而 $(0, 1/2)$ 也是 $B((2, 1), 1)$ 内部的商品束。因此，有 $(0, 1/2) \prec (1/2, 0)$。二者矛盾。

例 2

一个消费者选择商品束 $(z, z, \cdots, z)$，其中 z 满足 $z\sum p_k = w$。

这个行为可由如下的偏好进行完全的理性化，根据这些偏好，较非主对角线上的消费束而言，消费者都严格偏好于主对角线上的商品束（因为，譬如，他主要关心的是从拥有 K 种商品的所有销售者处购买相同数量的商品），而对位于主对角线上的商品束而言，他的偏好是按照"越多越好"的原则进行的。这些偏好按照第一种定义来理性化他的行为，但却不是单调的。

这个需求函数也可以用形如效用函数 $u(x_1, \cdots, x_k) = \min\{x_1, \cdots, x_k\}$ 表示的偏好关系来理性化，且该效用表示是单调的。

例 3

考虑一个消费者，他将自己财富的 α_k 花在商品 k 的消费上（其中 $\alpha_k \geqslant 0$，且 $\sum_{k=1}^{K} \alpha_k = 1$）。这种行为准则不是构造为某个偏好关系的最大化。然而它可由柯布-道格拉斯（Cobb-Douglas）效用函数 $u(x) = \prod_{k=1}^{K} x_k^{\alpha_k}$ 表示的偏好关系完全理性化，该可微函数在所有内点中有严格正的偏导数。消费者问题 $B(p, w)$ 的一个解 x^* 对于所有的 k 必须满足 $x_k^* > 0$（注意到当对某些 k，$x_k = 0$，有 $u(x) = 0$）。给定偏好的可微性，最优化 x^* 的一个必要条件是：对于所有的 k 和 l，有 $v_k(x^*)/p_k = v_l(x^*)/p_l$，其中对所有的 k，$v_k(x^*) = \mathrm{d}u/\mathrm{d}x_k(x^*) = \alpha_k u(x^*)/x_k^*$。

例 4

令 $K=2$。考虑一个消费者的行为，他将他的财富在商品 1 和商品 2 之间按照 p_2/p_1 进行分配。(即商品越便宜，分配给它的财富份额越大。)因此 $x_1p_1/x_2p_2=p_2/p_1$ 且 $x_i(p, w)=(p_j/(p_i+p_j))w/p_i$。该需求函数同时满足瓦尔拉斯法则和零次齐次性。

为理解该需求函数是可以完全理性化的，注意到对于所有的 i 和 j，$x_i/x_j=p_j^2/p_i^2$，因此有 $p_1/p_2=\sqrt{x_2}/\sqrt{x_1}$。拟凹函数 $\sqrt{x_1}+\sqrt{x_2}$ 满足其偏导数的比例等于 $\sqrt{x_2}/\sqrt{x_1}$ 的条件。因此，对于任意 (p, w)，商品束 $x(p, w)$ 是 $B(p, w)$ 中的 $\sqrt{x_1}+\sqrt{x_2}$ 的最大化的解。

5.5 显示偏好弱公理和显示偏好强公理

我们现在来寻找确保需求函数 $x(p, w)$可以完全理性化的一般条件。这个讨论同样也适用于另一个(或许比教材中更加常见的)“可理性化”定义，它要求 $x(p, w)$ 是在 $B(p, w)$ 上的单调的偏好关系的最大化的商品束。当然，正如我们所见，并不一定非得需要这些一般化的条件来确定一个特定的需求函数是否可以理性化。猜测通常是一个极佳的策略。

在对选择函数的一般化讨论时，我们看到条件 α 是从某个偏好关系推导出选择函数的充要条件。在证明中，我们对决策者从包含两个元素的集合中进行选择的情形构造了一个偏好关系。然而，在消费者的环境中，有限集并不在选择函数的范围内。

沿用第 3 讲中的思路，我们将使用“显示偏好”的概念。若存在 (p, w) 使得 x 和 y 均在 $B(p, w)$ 中，且 $x=x(p, w)$，则定义 $x \succ y$。在这种情形下，我们称 x“显示偏好于”y。在第 3 讲中，若 x“显示偏好于”y 且 y“显示偏好于”x 是不可能的，那么我们称偏好关系$\succsim$满足显示偏好弱公理。在消费者模型的环境中，弱公理可以表述为：若 $x(p, w)\neq x(p', w')$，且 $px(p', w')\leqslant w$，则有 $p'x(p, w)>w'$。

弱公理表明我们所定义的二元关系≻是非对称的。然而，这个二元关系却不必然是完备的：存在两个商品束 x 和 y，使得对于任意包含这两个商品束的 $B(p, w)$，$x(p, w)$ 既非 x 也非 y。进一步地，在一般的讨论中，我们通过研究集合"a 显示偏好于 b"和集合"b 显示无差异于 c"的并集来确保传递性。然而，当这些集合为预算集时，他们的并集未必是一个预算集(见图 5.2)。

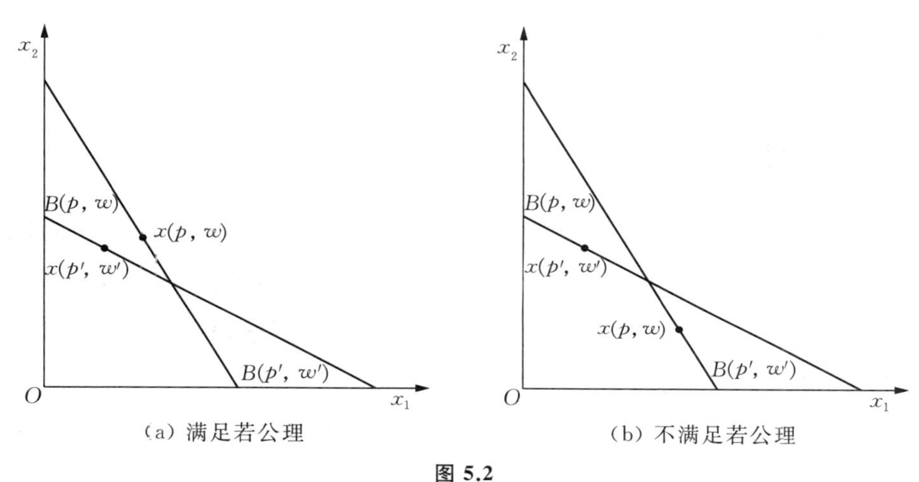

图 5.2

显然，弱公理并不是将上述所定义的二元关系≻拓展为一个完备的、传递的关系的充分条件(Hicks(1956)的三种商品的例子在 Mas-colell 等(1995)中进行了讨论)。满足瓦尔拉斯法则和零次齐次性的需求函数 x 的理性化的充要条件如下：

显示偏好强公理(Strong Axiom of Revealed Preference, SA)

强公理是需求函数的一个性质，它说明了：如前所述，从需求函数中推导出的关系≻是非循环的。这便使得问题"≻是否可以拓展为偏好"有待解决。(注意到，它的传递闭性或许依然不是一个完备关系。)在集合理论中，将关系≻拓展为完全的偏好关系是可能的，这是一个众所周知的结论。在任一情形下，强公理都多少有些冗长，并且，将其用来确定某个需求函数是否可以理性化，这个任务或许并不是那么轻而易举的。

说明

如上所述，可理性化更标准的定义要求，找到单调的偏好$\succ$使得对于任一(p, w)，若$y \in B(p, w)$，则有$x(p, w) \succsim y$。继续从需求函数中推导出偏好，我们从预算集$B(p, w)$的存在性推出$x = x(p, w)$，且仅仅当x是弱偏好于y时，有$y \in B(p, w)$。然而，如果还有$py < w$，我们可以进一步得出x强偏好于y。

5.6 递减需求

通常，一个理论模型是通过其含义的合理性来评价的。若我们发现一个模型得出一个荒谬的结论，那么我们就要重新考虑其假设。但是，当我们发现模型得出的结论与极其直观的性质相违背时，也应该警惕，这表明假设可能“太少了”。

在消费者模型中，我们或许会想“商品价格上涨，需求便会下降”这一直觉是否合理。现在，我们将看到，理性消费者行为的标准假设并不能保证需求是递减的。下面给出了一个偏好关系的例子，它说明了对于某一商品的价格，由此推导出的需求是非降的。

例：商品的需求随价格上升

考虑由下述效用函数表示的偏好：

$$u(x_1, x_2) = \begin{cases} x_1 + x_2, & 若\ x_1 + x_2 < 1 \\ x_1 + 4x_2, & 若\ x_1 + x_2 \geqslant 1 \end{cases}$$

这些偏好可能反映了如下类型的推理过程：“在商品x中，存在$x_1 + x_2$单位的维生素A，和$x_1 + 4x_2$单位的维生素B。我的首选是获得足够多的维生素A。然而，一旦我满足了消费1单位维生素A的需求，我便转向第二位优先选择，即消费尽可能多的维生素B”（见图5.3）。

考虑$x((p_1, 2), 1)$。改变p_1就如同将预算线绕着商品束$(0, 1/2)$这个轴转动。当价格p_1很高时（只要$p_1 > 2$），消费者的需求为$(0, 1/2)$。若价格降低至$2 \geqslant p_1 \geqslant 1$范围内，消费者选择商品束

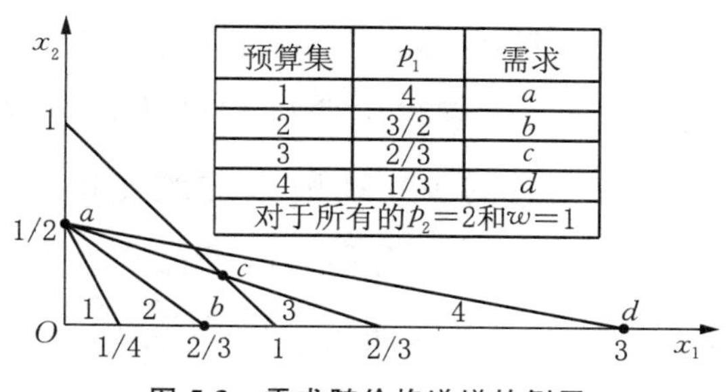

预算集	p_1	需求
1	4	a
2	3/2	b
3	2/3	c
4	1/3	d
对于所有的 $p_2=2$ 和 $w=1$		

图 5.3　需求随价格递增的例子

$(1/p_1, 0)$。迄今为止，消费者对第一种商品的需求的确随着价格下降是递增的。然而，在价格区间 $1 \geqslant p_1 \geqslant 1/2$ 内，我们会碰到一个异常现象：消费者购买尽可能多的第二种商品，其约束条件是：商品的总和至少为 1，也即，$x((p_1, 2), 1) = (1/(2-p_1), (1-p_1)/(2-p_1))$。

上述的偏好关系是单调的但并不是连续的。然而，我们可以构造一个接近连续性的偏好，使得所得到的需求满足 p_1 在相似的定义与内上升。对于 $\delta > 0$，令 $\alpha_\delta(t)$ 为区间 $[1-\delta, 1]$ 上的连续增函数，其中，$\delta > 0$，使得对所有的 $t \leqslant 1-\delta$，$\alpha_\delta(t)=0$，对所有的 $t \geqslant 1$，有 $\alpha_\delta(t)=1$。效用函数为：

$$u_\delta(x) = \alpha_\delta(x_1+x_2)(x_1+4x_2) + (1-\alpha_\delta(x_1+x_2))(x_1+x_2)$$

该函数是连续且单调的。当 δ 趋近于 0，函数 $u_\delta = u$，但在位于满足 $x_1+x_2=1$ 的商品束集合以下的狭长区域中，这两个函数是不等价的。

现在，当 $p_1=2/3$ 时，消费者对第一种商品的需求为 3/4，而当 $p_1=1$ 时，需求至少为 $1-2\delta$。因此，对于一个足够小的 δ 而言，价格 p_1 上升会导致需求的上升。

5.7　“需求法则”

我们对比较不同环境中的需求很感兴趣。我们已经看到，在讨论“$B(p, w)$ 下的消费者需求”和“$B(p+(0, \cdots, \varepsilon, \cdots, 0), w)$ 下的消费者需求”之间的关系时，经典的消费者假设并不能给出明确的结论。

当我们比较“预算集 $B(p, w)$ 下的消费者需求”和“预算集 $B(p', x(p, w)p')$ 下的需求”时，可以得出明确的结论。在这个比较中，我们想象价格向量从 p 变为任意的 p'，而财富的改变使得消费者所拥有的资源，允许他消费与面临 (p, w) 时消费的商品束数量一样（见图 5.4）。此结论来自如下的定理：补偿需求曲线 $y(p') = x(p', p'x(p, w))$ 满足需求法则，也即，y_k 随 p_k 的增加而递减。

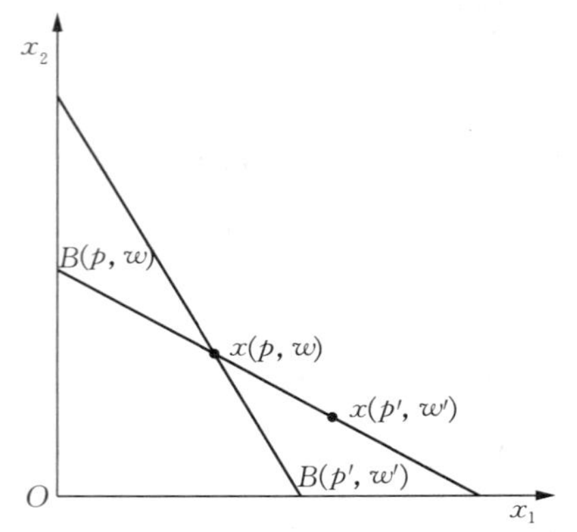

图 5.4　从 (p, w) 到 (p', w') 的补偿价格变化

定理

令 x 为满足瓦尔拉斯法则和 WA 的需求函数。若 $w' = p'x(p, w)$，那么，或者有 $x(p', w') = x(p, w)$，或者 $[p' - p][x(p', w') - x(p, w)] < 0$。

证明

假设 $x(p', w') \neq x(p, w)$。由瓦斯拉尔法则和假设可知 $w' = p'x(p, w)$：

$$
\begin{aligned}
& [p' - p][x(p', w') - x(p, w)] \\
&= p'x(p', w') - p'x(p, w) - px(p', w') + px(p, w) \\
&= w' - w' - px(p', w') + w = w - px(p', w')
\end{aligned}
$$

由 WA 知，上述等式右侧小于 0。

▶ 参考文献

本讲的资料是相当标准的，且与 Arrow 和 Hahn(1971)及 Varian(1984)中的内容是密切对应的。

习题集 5

习题 1(简单题)

证明:若消费者有一个位似偏好关系,则他的需求函数对 w 是一次齐次的。

习题 2(简单题)

考虑一个消费者,$K=2$,他对第一种商品的偏好关系是单调的、连续的、严格凸的及拟线性的。那么他对第一种商品的需求将如何随着 w 变化?

习题 3(难度适中)

定义一个需求对应关系为 $B(p, w)$ 中消费者问题的所有解的集合,表示为 $X(p, w): \mathbb{R}_{++}^{K+1} \to \mathbb{R}_{+}^{K}$。

a. 计算当 $K=2$ 时的 $X(p, w)$,并用 x_1+x_2 表示偏好。

b. 令$\succsim$为连续偏好关系(不一定满足凸性),证明:$X(p, w)$ 是上半连续的。

(对应关系 $F: A \to B$ 称为上半连续的,需满足如下条件:若对于每个收敛序列 $a^n \in A$ 有 $\lim a^n \in A$,而且对于每个收敛序列 $b^n \in B$ 使得 $\lim b^n$ 存在,且 $b^n \in F(a^n)$,则有 $\lim b^n \in F(\lim a^n)$。)

习题 4(难度适中)

确定下列消费者行为模式是否可以被完全理性化?(假设 $K=2$)

a. 他对商品 1 的最高消费量为 1，然后他将剩余的财富花费在商品 2 上。

b. 消费者将会选择商品束 (x_1, x_2)，该消费束满足：$x_1/x_2 = p_1/p_2$ 且成本为 w。（效用函数 $u(x) = x_1^2 + x_2^2$ 理性化消费者的行为吗？）

习题 5（难度适中）

在本题中，我们考虑这样一个消费者，他的行为与我们之前讨论过的经典消费者不同。再一次地，我们考虑 K 个商品组成的商品世界，消费者从他的预算集中作出选择。消费者心中有一个满足连续性、单调性和严格凸性的偏好关系；为简单起见，假设该偏好关系可以用效用函数表示。

该消费者最大化他的效用水平，直至达到效用水平 u^0。若预算集可以允许他获得该效用水平，则他将会尽可能多的去选择商品 1，同时满足效用水平至少为 u^0。

a. 用公式表示这个消费者问题。

b. 证明：该消费者的需求过程将产生唯一的商品束。

c. 这个需求过程是否可以理性化？

d. 需求函数是否满足瓦尔拉斯法则？

e. 证明：在 (p, w) 的定义域内，存在这样的可行商品束使得消费者获得的效用水平至少为 u^0，且该消费者对商品 1 的需求函数在 p_1 上是递减的，在 w 上是递增的。

f. 这个需求函数是连续的吗？

习题 6（难度适中）

总需求可以看作是从某一个“典型消费者”的行为中推导出来的，这一做法也是经济学上的惯例。给出两个“表现良好”的消费者偏好的例子，满足从该关系可以推导出一般消费者的行为，但是该行为与“典型消费者”为了最大化所进行的行为不同。（即，构造两个“消费者”1 和 2。他们从预算集 A 中分别选择了商品束 x^1 和 x^2，从预算集 B 中分别选

择了 y^1 和 y^2，使得从预算集 A 中选择 $(x^1+x^2)/2$，从预算集 B 中选择 $(y^1+y^2)/2$ 与理性消费者模型不一致。)

习题 7(难度适中)

若对商品 k 的需求随着该商品的价格 p_k 增加而增加,则商品 k 为**吉芬商品**。

若对商品 k 的需求随着财富增加而减少,则商品 k 为**劣等品**。

证明:若存在一个向量 (p, w) 使得对商品 k' 的需求随着其价格增加而增加,则存在一个向量 (p', w') 使得对商品 k' 的需求随着财富增加而减少(吉芬商品是劣等品)。

▶第 6 讲

更多经济人：选择预算集的消费者、消费者和生产者的对偶

6.1 选择预算集的消费者

令 X 为备择项集合，D 为 X 的非空子集的集合。D 中的一个元素 A 解释为一个选择问题。我们对决策者在 D 上的偏好关系感兴趣。假设决策者有一个定义在 X 上的偏好关系 $\succsim$，构建在 D 上的偏好关系的一种方法如下：决策者在分析 D 中的选择问题时，他会自问若要在该集合中作出选择自己会选择哪一个备择项。如果他从 A 中选择的备择项偏好于（根据基本偏好 $\succsim$ 得出）从 B 中选择的备择项，那么他对集合 A 的偏好大于集合 B。这使得我们得出了**间接偏好** $\succsim^*$ 的定义，它是由 $\succsim$ 得出的：

$$若 C_{\succsim}(A) \succsim C_{\succsim}(B)，则有 A \succsim^* B$$

显然，$\succsim^*$ 是一个偏好关系。若 u 表示 $\succsim$，且选择函数是良好定义的，则 $v(A)=U(C_{\succsim}(A))$ 表示 $\succsim^*$。我们将 v 称为**间接效用函数**。

间接偏好的定义，忽略了在进行选择集比较时可能要考虑的许多方面。譬如："虽然在任何情况下我都会选择 a，但是我害怕自己犯错而选择了 b，所以我对 $A-\{b\}$ 的偏好大于 A。""虽然我从 A 和 $A-\{b\}$ 中都会选择 a，但是我不想迫不得已拒绝 b，所以我对 $A-\{b\}$ 的偏好大于 A。"或者"因为我会从 A 中选择 b，但我并不想作出那个选择。所以我对 $A-\{b\}$ 的偏好大于 A。"

注意到，在某些情形下（这取决于集合 D），我们可以通过间接偏好

$\succsim^*$ 来重新构造选择函数 $C_{\succsim}(A)$。譬如，若 $a \in A$，且 $A \succ^* A-\{a\}$，则我们可以得出 $C_{\succsim}(A)=a$。

现在，我们回到消费者从预算集中选择商品束的问题上来。为简便起见，假设他有一个满足古典假设（单调性、连续性和凸性）的偏好关系，并假设他的需求函数 $x(p, w)$ 总是明确定义的。预算集上的间接偏好的作出决策可能会与情景有关，例如选择住所或者比较不同的税收制度（它影响财富和价格）。

预算集可以用 $K+1$ 个参数 (p, w) 来描述其特征。因此，上述的方法可以定义集合 $\mathbb{R}_{++}^{K+1}$ 上的间接偏好 $\succsim^*$：

$$若\ x(p, w) \succsim x(p', w')，则有\ (p, w) \succsim^* (p', w')$$

用这种方法来定义间接偏好，就排除了如下的思维方式："我喜欢住在酒价很高的地方，尽管我不饮酒。"

下面给出了间接偏好的一些性质：

1. 表述不变性：对于所有的 $p, w, \lambda>0$，有 $(\lambda p, \lambda w) \sim^* (p, w)$。这条性质可由 $x(\lambda p, \lambda w)=x(p, w)$ 得出。

2. 单调性：间接偏好对 p_k 弱递减，对 w 严格递增。缩小选择范围在这种方法下永远是无益的，并且额外的财富可能使得人们消费的商品束中所包含的所有商品的量更多。

3. 连续性：若 $(p, w) \succ^* (p', w')$，则有 $y=x(p, w) \succ x(p', w')=y'$。由连续性可知，$y$ 和 y' 分别存在邻域 B_y 和 $B_{y'}$，使得对于任意 $z \in B_y$ 和 $z' \in B_{y'}$，有 $z \succ z'$。由需求函数的连续性可知，在 (p, w) 周围存在一个邻域，其中的需求位于 B_y 内，在 (p', w') 周围存在一个邻域，其中的需求位于 $B_{y'}$ 内。对于在这两个领域内的任意两个预算集，$\succ^*$ 被保留。

4. "凹性"：若 $(p^1, w^1) \succsim^* (p^2, w^2)$，对于所有的 $1 \geqslant \lambda \geqslant 0$，有 $(p^1, w^1) \succsim^* (\lambda p^1+(1-\lambda)p^2, \lambda w^1+(1-\lambda)w^2)$（见图 6.1）。令 z 为预算集 $B(\lambda p^1+(1-\lambda)p^2, \lambda w^1+(1-\lambda)w^2)$ 中的最优商品束。那么有 $(\lambda p^1+(1-\lambda)p^2)z \leqslant \lambda w^1+(1-\lambda)w^2$，且因此有 $p^1 z \leqslant w^1$ 或 $p^2 z \leqslant w^2$。因此 $z \in B(p^1, w^1)$ 或 $z \in B(p^2, w^2)$，那么有 $x(p^1, w^1) \succsim z$

或 $x(p^2, w^2) \succsim z$。由 $x(p^1, w^1) \succsim x(p^2, w^2)$ 可得 $x(p^1, w^1) \succsim z$。

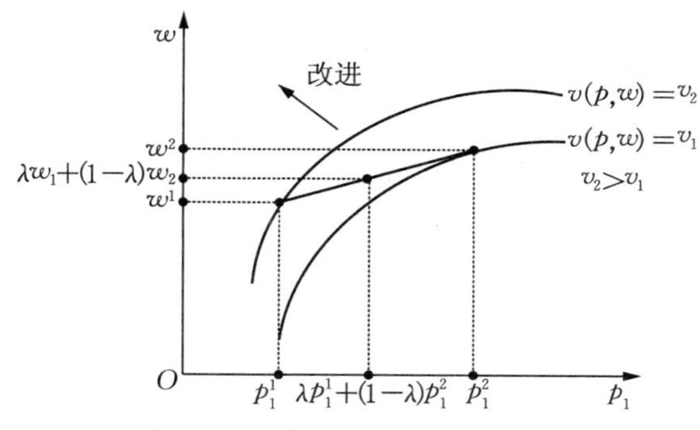

图 6.1　间接效用函数为拟凸函数

6.2　罗伊恒等式

现在我们研究一种方法，即从间接偏好中推导出消费者的需求函数。注意到，在单个商品的情形中，每条 $\succsim^*$ 无差异曲线是一条射线。若我们假设 $\succsim$ 具有单调性，穿过 (p_1, w) 的一条无差异曲线的斜率为 w/p_1，也即 $x_1(p_1, w)$。

考虑更一般的有 K 种商品的情形，我们将看到，给定经过 (p^*, w^*) 的无差异曲线的斜率，即可找到 (p^*, w^*) 处的需求。需重点观察的是，集合 $\{(p, w) \mid px(p^*, w^*)=w\}$ 与经过 (p^*, w^*) 的间接偏好的无差异曲线相切。当在 (p^*, w^*) 处的间接偏好的无差异曲线有唯一切线时，这条切线能让我们找到 $x(p^*, w^*)$。

定理

假设需求函数满足瓦尔拉斯法则。则有：

1. 超平面 $H=\{(p, w) \mid px(p^*, w^*)=w\}$ 与 (p^*, w^*) 处的 $\succsim^*$ 无差异曲线相切。

2. 罗伊恒等式：当（间接）偏好 $\succsim^*$ 可由可微（间接）效用函数 v 表示时，有

$$-[\partial v/\partial p_k(p^*, w^*)]/[\partial v/\partial w(p^*, w^*)]=x_k(p^*, w^*)$$

证明

1. 显然有$(p^*, w^*) \in H$。对任意$(p, w) \in H$，商品束$x(p^*, w^*) \in B(p, w)$。因此，$x(p, w) \succsim x(p^*, w^*)$，且有$(p, w) \succsim^* (c, w^*)$。

2. $H = \{(p, w) \mid (x(p^*, w^*), -1)(p, w) = 0\}$，且因为$w^* = p^* x(p^*, w^*)$，我们有：

$$H = \{(p, w) \mid (x(p^*, w^*), -1)(p - p^*, w - w^*) = 0\}$$

且 H 与经过(p^*, w^*)的无差异曲线相切。

因为 v 是可微的，经过(p^*, w^*)的无差异曲线唯一的切线特征可由垂直于梯度(偏导向量)的超平面来描述：

$$T = \{(p, w) \mid (\partial v/(\partial p_1(p^*, w^*), \cdots, \partial v/\partial p_K(p^*, w^*), \partial v/\partial w(p^*, w^*))(p - p^*, w - w^*) = 0\}$$

因此，$T = H$，且有向量 $\partial v/\partial p_1(p^*, w^*), \cdots, \partial v/\partial p_1(p^*, w^*), \partial v/\partial w(p^*, w^*)$

与向量$(x_1(p^*, w^*), \cdots, x_K(p^*, w^*), -1)$成比例。因此罗伊恒等式即证。

6.3 对偶消费者

主消费者

我们首先考虑拥有偏好关系$\succsim$(满足古典假设:单调性、连续性及凸性)的消费者及其初始商品束 z。当消费者面临价格向量 p 时，他可以用 z 交换任意商品束 x，使得 $px \leqslant pz$。我们称从集合$\{x \mid px \leqslant pz\}$中选择“$\succsim$最优”商品束的问题为消费者的**主问题**，并将其表示为 $P(p, z)$。该问题有解，且当解唯一时，我们将其表示为 $x(p, z)$。

对偶乌龟问题

考虑如下两种表述：

1. 乌龟 1 天行走的最大距离是 1 km。

2. 乌龟行走 1 km 所需的最短时间是 1 天。

在一般的对话中，上述两种表述看起来是等价的。实际上，这种等价的成立依赖于两个"隐含的"假设：

a. 从(1)推(2)，我们需要假设这只乌龟在任一时间内的行走距离为正值。将这种情况与"乌龟的速度为每天 2 km，但是，在行走半天后，它必须休息半天"进行对比。在这种情况下，他在一天内能行走的最大距离是 1 km，尽管它仅在半天内就能走出这个距离。

b. 从(2)推(1)，我们需要假设乌龟不能在零时间里"猛跳"一个正的距离。将这种情形与"乌龟的速度是每天 1 km，但是在一天的行走后，它可以'猛跳'1 km"进行对比。因此，它可以在一天内行走 2 公里。(并且，如果你不相信一只乌龟可以跳的话，可以考虑一个"常见的消费者"范式，当消费者的消费水平到达某个点水平后，该点的值便会出现"跳跃"。)

我们现在将证明，上述的假设是(1)与(2)等价的充分条件。规范地，令 $M(t)$表示该乌龟在时间 t 内能行走的最大距离，并假设 M 严格递增且连续。我们接下来便可证明，表述"乌龟在时间 t^* 内能行走的最大距离为 x^*"与表述"乌龟行走距离 x^* 所需的最少时间为 t^*"是等价的。

若乌龟在 t^* 内行走的最大距离是 x^*，且若它在 $t<t^*$ 的时间里行走的距离是 x^*，那么由 M 的严格单调性可知，乌龟在 t^* 时间内可以行走一个比 x^* 大的距离，与题设矛盾。

若乌龟行走 x^* 所需的时间是 t^*，且若它在 t^* 时间内行走的距离 $x>x^*$，那么由 M 的连续性可知，在某个 $t<t^*$，乌龟早就超过了距离 x^*，也与题设矛盾。

对偶消费者问题

现在考虑一个特殊类型的消费者，他心中有一个商品束 z，且(在给定价格向量 p 的情况下)他希望消费最便宜的商品束，该商品束对他而言应至少与 z 一样好。我们将问题 $\min_x\{px \mid x \succsim z\}$ 称为对偶问题，并将其表示为 $D(p, z)$。假设它存在解且该解唯一(譬如，当偏好是严格凸的且连续的，将出现此种情况)，我们将解表示为 $h(p, z)$，并称其为希克斯需求函数。方程 $e(p, z)=ph(p, z)$ 称为支出函数(注意支出函数与消费者间接效用函数之间的类比)。

下面给出了希克斯需求函数的一些性质及支出函数：

1. $h(p, z)=h(\lambda p, z)$ 且 $e(\lambda p, z)=\lambda e(p, z)$。

这两个式子可由如下的事实得出：一个商品束最小化一个集合上的函数 λpx，当且仅当它最小化同一集合上的函数 px。

2. 第 k 种商品的希克斯需求对 p_k 是递减的。此外，$e(p, z)$对 p_k 递增。

注意到对于每一个 p'，有 $ph(p', z) \geqslant ph(p, z)$。这是因为 $h(p', z) \succsim z$，且在价格向量 p 处，消费束 $h(p', z)$并没有比 $h(p, z)$ 更便宜。因此，$(p'-p)(h(p', z)-h(p, z))=(p'h(p', z)-p'h(p, z))+(ph(p, z)-ph(p', z)) \leqslant 0$，且若 $(p'-p)=(0, \cdots, \varepsilon, \cdots, 0)(\varepsilon>0)$，我们有 $h_k(p', z)-h_k(p, z) \leqslant 0$。

进一步地，若对于所有的 k，有 $p'_k \geqslant p_k$，则 $e(p', z)=p'h(p', z) \geqslant ph(p', z) \geqslant ph(p, z)=e(p, z)$。

3. $h(p, z) \sim z$。若 $h(p, z) \succ z$，则由连续性可知，在 $h(p, z)$附近存在一个更便宜的商品束至少与 z 一样好。

4. $h(p, z)$和 $e(p, z)$都是连续的。(请证明!)

5. 支出函数对 p 是凹的：

令 $x=h(\lambda p^1+(1-\lambda)p^2, z)$。由定义可得 $x \succsim z$。因此有 $p^i x \geqslant p^i h(p^i, z)$ 和 $e(\lambda p^1+(1-\lambda)p^2, z)=(\lambda p^1+(1-\lambda)p^2)x \geqslant \lambda e(p^1, z)+(1-\lambda)e(p^2, z)$。

6. (对偶的罗伊恒等式)超平面 $H=\{(p, e) \mid e=ph(p^*, z)\}$ 与支

出函数的图在 p^* 处相切。

这一性质可以从以下两点得出：(i)$(p^*, e(p^*, z))$在超平面 H 上，且(ii)对所有的 p^*，有 $ph(p^*, z) \geqslant ph(p, z)$。

7.（对偶）若 x^* 是问题 $P(p, x^*)$的解，则我们称其为主要消费者的一个内部均衡，譬如，在 p 决定的相对价格处，消费者不能通过交易 x^* 获取更好的商品束。类似地，若 x^* 是 $D(p, x^*)$的解，则 x^* 是对偶消费者的一个内部均衡，譬如，在不能消费比 x^* 严格差的商品束时，他不能减少自己的支出。

我们将看到，x^* 为主要消费者的一个内部均衡，当且仅当它也是对偶消费者的一个内部均衡。

假设 x^* 不是 $D(p, x^*)$的解。那么存在一个严格更便宜的商品束 x，有 $x \succsim x^*$。对于某些正向量 ε(如对于所有的 k，有 $\varepsilon_k > 0$)，$p(x+\varepsilon) < px^*$ 仍然成立。

由单调性，$x+\varepsilon \succ x \succsim x^*$，因此 x^* 不是 $P(p, x^*)$的解。

假设 x^* 不是问题 $P(p, x^*)$的解。那么存在一个 x 使得 $px \leqslant px^*$，且 $x \succ x^*$。由连续性知，对某些非负向量 $\varepsilon \neq 0$，商品束 $x-\varepsilon$ 使得 $x-\varepsilon \succ x^*$ 且 $p(x-\varepsilon) < px^*$，因此 x^* 不是 $D(p, x^*)$的解。

6.4 生产者

现在我们转而研究生产者，他是一个有能力将一个商品向量转换为另一个向量的经济人。注意到，我们使用“生产者”这个词而不是“企业”，是因为我们并不关心生产者行为的内部组织结构。我们首先明确生产者的“技术”，紧接着讨论他的偏好。

技术

将商品表示为 1，…，K，这些商品在生产者的生产活动中既可以是投入，也可以是产出。位于 $\mathbb{R}^K$ 中的一个向量 z 解释为产品组合，z 中正的元素表示产出，负的元素表示投入。生产者的选择集合称为**技术**，且他的选择集确定了生产约束。

下面给出了在技术空间 Z 上常见的约束条件(图 6.2):

1. $0 \in Z$(解释为生产者可以保持“闲置”状态)。

2. 除向量 0 外,不存在 $z \in Z \cap \mathbb{R}_+^K$(即,无资源亦无生产)。

3. **自由处置:**若 $z \in Z$ 且 $z' \leqslant z$,则 $z' \in Z$(即,没有人能阻止生产者的生产无效率,因为他使用超出必要水平的资源来生产特定数量的商品。)

4. Z 为闭集。

5. Z 为凸集。(这个假设体现了边际生产率递减。结合 $0 \in Z$ 的假设,它意味着非增的规模报酬:若 $z \in Z$,那么对于所有的 $\lambda < 1$,有 $\lambda z \in Z$。)

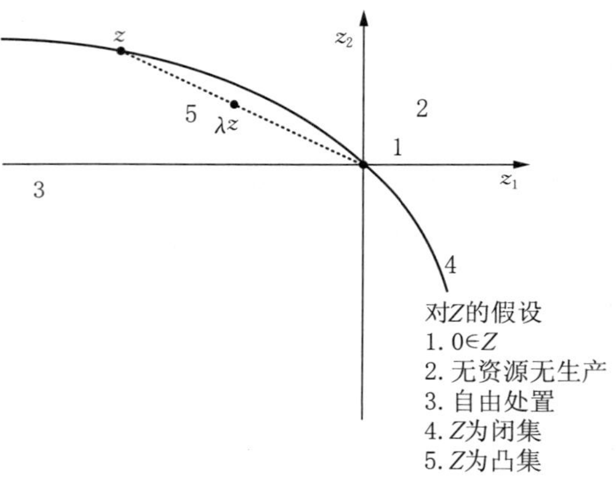

图 6.2 技术

在某些情况下,我们用生产函数来描述生产中的能力。譬如,考虑这样一个场景,商品 K 可以由商品 1, 2, …, $K-1$ 来生产,也即,对于所有的 $z \in Z$,有 $z_k \geqslant 0$,对于所有的 $k \neq K$,有 $z_k \leqslant 0$。对于产出 $v \in \mathbb{R}_+^{K-1}$ 的任意正的向量,生产函数可以确定所能生产的商品 K 的最大数量。若我们从技术 Z 出发,通过定义 $f(v) = \max\{x \mid (-v, x) \in Z\}$,我们可以推导出生产函数。

若从生产函数 f 出发,通过定义 $Z(f) = \{(-w, x) \mid x \leqslant y$ 且有 $w \geqslant v$,对于某些 $y = f(v)\}$ 我们可以推导出“技术”。若函数 f 为增函数,具有连续性、凹性且满足 $f(0) = 0$ 的假设,则 $Z(f)$ 满足上述假设。

生产者行为

我们将生产者看作经济人，他在空间 X 上有一个偏好关系，该偏好关系包含所有的组合(z, π)，其中 $z \in Z$，且 π 表示其利润的数值。

对于任一给定的价格向量 p，生产者面临一个 $B(p)=\{(z, \pi) \mid z \in Z$ 且 $\pi = pz\}$ 类型的选择集合。理性的生产者最大化其定义在 X 上的偏好关系。给定价格向量 p，他选择 $z \in Z$ 以最大化(根据他的偏好)向量(z, pz)。

下面给出了生产者行为的一些例子，在此空间上利用偏好关系可以轻松将其合理化。为更加清楚地说明，我重点研究了 $K=2$ 的情况，其中商品 1 为投入，商品 2 为产出，$y=f(a)$ 为生产者的生产函数：

1. 给定约束条件 $\pi \geqslant 0$，生产者最大化产量 y。

2. 生产者期望至少生产 y^* 单位的产品。一旦他达成此目标，他将最大化自己的利润。

3. 生产者最大化利润，但他已经雇用了 a_1^* 个工人，并且每解雇一个工人将产生成本 c(无论是金钱损失还是精神痛苦)。因此他的效用函数由 $\pi - c\max\{0, a_1^* - a_1\}$ 给出。

4. 生产者是一个已经形成的合作工人群体，并且成员间平均分配利润。因此这个群体寻求最大化 π/a_1，也即每个工人的利润。

5. "绿色生产者"的偏好位于$(\pi, pollution(z))$，其中 $pollution(z)$ 是污染的数量，取决于 z。

6. 生产者最大化自己的利润 π。

另一个关于合理行为的例子是最大化利润成本比率$\left(即\dfrac{\pi}{p_a a}\right)$。然而，注意到，这种行为并不能表示为 X 上的偏好关系最大化，因为他取决于利润中收入和成本的细分，而不仅仅是利润本身。

虽然经济学中的古典假设是生产者只关心增加利润，但上述例子证明了被该假设忽略的其他合理考虑的丰富性。

追求利润最大化生产者的供给函数

我们现在开始讨论追求利润最大化生产者的行为。生产者问题定义为 $\max_{z \in Z} pz$。要使该生产者问题存在唯一解，仍需一些额外的假设，如 **Z 上有界**（即存在界限 B，使得对于任意 $z \in Z$ 有 $B \geq z_k$）。以及 Z 是**严格凸**的（即若 z 和 z' 均位于 Z 内，则对于任意 $1 > \lambda > 0$，$\lambda z + (1-\lambda)z'$ 也位于 Z 内）。

当生产者问题有唯一解时，我们将其表示为 $z(p)$，并称 p 与 z 之间的关系为**供给函数**。注意到，它同时确定了生产者的产出供给和投入需求。我们将**利润函数**定义为 $\pi(p) = \max_{z \in Z} pz$。

回想一下，在讨论消费者时，我们确定了他的偏好，并将他的行为描述为从价格决定的预算集中作出选择的过程。消费者的行为（需求）确定了他的消费水平取决于价格。在讨论追求利润最大化的生产者情况时，我们确定生产技术，并将他的行为描述为最大化由价格决定的利润函数。生产者行为（供给）确定了产出和投入对价格的依赖关系。

在追求利润最大化的生产者情况下，偏好是线性的，且约束条件是凸集，然而在消费者模型中，约束条件是线性不等式，偏好是凸的。我们对追求利润最大化的生产者和消费者的偏好附加了结构要求（即连续性和凸性），因此，追求利润最大化的生产者问题与消费者的对偶问题非常类似（见图 6.3）。（前者最大化一个线性函数，而后者则是最小化。）

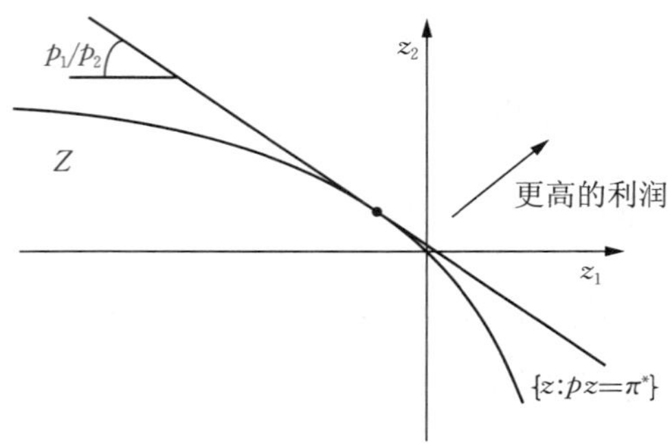

图 6.3　利润最大化

下面给出了供给函数和利润函数的一些性质，这些性质与消费者对偶问题中的性质非常类似：

供给函数

1. $z(\lambda p)=z(p)$。（对于价格向量 p 和 λp，生产者的偏好关系是一样的。）

2. z 是连续的。

3. 若 $z(p)\neq z(z')$，我们有：$(p-p')[z(p)-z(p')]=p[z(p)-z(p')]+p'[z(p')-z(p)]>0$。特别地，若（仅有）第 k 个价格增加，则 z_k 增加；也即，若 k 为产出（$z_k>0$），则 k 的供给增加；若 k 为投入（$z_k<0$），则 k 的需求减少。注意到这个称为**供给法则**的结果，适用于标准供给函数（不同于需求法则，它适用于补偿需求函数）。

利润函数

1. $\pi(\lambda p)=\lambda\pi(p)$（由 $z(\lambda p)=z(p)$ 可得）。

2. π 是连续的（由供给函数的连续性可得）。

3. π 是凸的（对于任意 p，p' 和 λ，若 z^* 最大化 $(\lambda p+(1-\lambda)p')z$，则有 $\pi(\lambda p+(1-\lambda)p')=\lambda pz^*+(1-\lambda)p'z^*\leqslant\lambda\pi(p)+(1-\lambda)\pi(p')$）。

4. **霍特林引理**（Hotelling's lemma）：对于任意向量 p^*，对于所有的价格 p，有 $\pi(p)\geqslant pz(p^*)$。因此，超平面 $\{(p,\pi)\mid\pi=pz(p^*)\}$ 与函数 $\pi\{(p,\pi)\mid\pi=\pi(p)\}$ 的图在点 $(p^*,\pi(p^*))$ 处相切。函数 π 是可微的（见 Kreps(2013)），且有 $d\pi/dp_k(p^*)=z_k(p^*)$。

5.由霍特林引理可知，若 π 二阶连续可微，则有 $dz_j/dp_k(p^*)=dz_k/dp_j(p^*)$。

说明

当我们仅对企业在产出市场（而不是在投入市场）中的行为感兴趣

时，我们用成本函数而不是技术的简化形式来表示该生产者。对一个拥有技术 Z 的生产者而言，其中商品 $1, \cdots, L$ 为投入品，$L+1, \cdots, K$ 为产出，定义 $c(p, y)$ 为最小成本，此成本是在给定投入品 $1, \cdots, L$ 价格向量 $p \in \mathbb{R}^{L}_{++}$ 的情况下生产组合 $y \in \mathbb{R}^{K-L}_{+}$ 所产生的。换言之，$c(p, y) = \min_a \{pa \mid (-a, y) \in Z\}$（见图 6.4）。

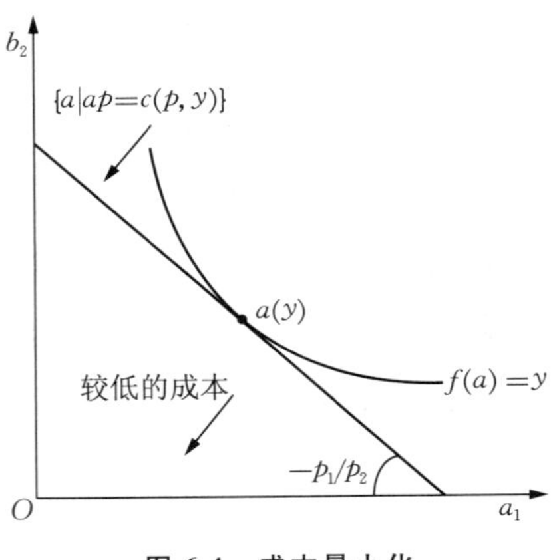

图 6.4　成本最小化

讨论

在传统的经济方法中，我们允许消费者拥有“一般”的偏好，却限定生产者的目标为追求利润最大化。因此，一个以损害自身健康为目的的消费者在我们的研究范围内，而关心员工福利或考虑除利润最大化之外的目标的生产者却不在我们的研究范围内。这肯定是奇怪的，因为生产者有各种合理的其他目标。如一个极为合理的目标是，在不造成损失的前提下提高产出。

也许有人会问，相对于消费者的偏好而言，为什么对生产者目标的定义如此狭窄。也许这只是为了数学处理的方便，这肯定不是意识形态方面的结果。尽管如此，将追求利润最大化作为生产者行为“关键”的假设，是否会使学生将其视为指导公司行为的唯一规范性标准呢？

▶ 参考文献

本讲的绝大部分资料来源于 Roy 和 Hicks 的著作。具体来说,间接效用函数的概念来自 Roy(1942);支出函数的概念来自 Hicks(1946);以及在问题 6 中所使用的消费者剩余的概念来自Hicks(1939)。在 McKenzie(1957)中也能找到此概念。想要更加充分地了解对偶概念,可以参考 Varian(1984)和 Diewert(1982)。

追求利润最大化的生产者模型可以在任一本微观经济学教材中找到。Debreu(1959)是一个极好的资料来源。

在课堂中我经常提及的 ILJK 案例可在 Rubinstein(2006b)中找到。

习题集 6

习题 1(简单题)

想象你在阅读一篇论文,作者使用了间接效用函数 $v(p_1, p_2, w)=w/p_1+w/p_2$。你怀疑该作者在论文中的结论是在函数 v 与理性消费者模型不一致的情况下得出的。采取以下的步骤以确保不发生这样的情况:

a. 使用罗伊恒等式来推导需求函数。

b. 证明:若需求是从一个平滑的效用函数推导而来,则经过点(x_1, x_2)的无差异曲线在该点的斜率为$-\sqrt{x_2}/\sqrt{x_1}$。

c. 构造一个效用函数,满足在商品束(x_1, x_2)上的偏导数为$\sqrt{x_2}/\sqrt{x_1}$。

d. 计算从该效用函数推导而来的间接效用函数。你得到原始的函数 $v(p_1, p_2, w)=w/p_1+w/p_2$ 了吗? 若不能,原始的间接效用函数还能从其他满足(c)中性质的效用函数中推导出来吗?

习题 2(难度适中)

证明:若偏好满足单调性、连续性和严格凸性,则希克斯需求函数 $h(p, z)$是连续的。

习题 3(难度适中)

有一种比较预算集的方法就是利用间接效用函数,包括比较 $x(p,$

w)和 $x(p', w)$。

以下是其他两种不同的比较方法：

定义：

$$CV(p, p', w) = w - e(p', z) = e(p, z) - e(p', z)$$

其中：$z = x(p, w)$。

以下是问题的答案：若价格向量从 p 变为 p'，则从(p, w)的角度来看，财富需要改变多少才会与原来的无差异？

定义：

$$EV(p, p', w) = e(p, z') - w = e(p, z') - e(p', z')$$

其中：$z' = x(p', w)$。

以下是问题的答案：若价格向量从 p 变为 p'，则从(p', w)的角度来看，财富需要改变多少才会与原来无差异？

现在，回答以下练习题。假设他处于两商品的世界，效用函数为 u。

a. 对于 $u(x_1, x_2) = x_1 + x_2$，计算上述两种"消费者剩余"。

b. 假设第二个商品的价格是固定的，不同的价格向量只有在第一个商品的价格上是不同的。进一步假设，第一个商品是正常品(需求随着财富的增加而增加)。在需求函数下方的区域，这两种衡量方法有什么关系(什么是消费者剩余的第三个定义)？

c. 解释：若消费者在第二个商品上有拟线性的偏好，且这两种商品的消费量均大于零，则这两个衡量方法是一样的。

习题 4(难度适中)

a. 证明你所熟知的包络定理，即以下说法正确的条件：考虑一个最大化问题 $\max_x\{u(x, \alpha_1, \cdots, \alpha_n) \mid g(x, \alpha_1, \cdots, \alpha_n) = 0\}$。令 $V(\alpha_1, \cdots, \alpha_n)$是最大化问题的值。

则 $\dfrac{\partial V}{\partial \alpha_i}(x, \alpha_1, \cdots, \alpha_n) = \dfrac{\partial(u - \lambda_g)}{\partial \alpha_i}(x^*(\alpha_1, \cdots, \alpha_n), \alpha_1, \cdots, \alpha_n)$。其中，$x^*(\alpha_1, \cdots, \alpha_n)$是最大化问题的解；$\lambda$ 是最大化问题解的拉格朗日系数。

b. 用包络定理推导出罗伊恒等式（提示：证明$\frac{\partial V/\partial \alpha_i}{\partial V/\partial \alpha_j}(\alpha_1, \cdots, \alpha_n)=$ $\frac{\partial g/\partial \alpha_i}{\partial g/\partial \alpha_j}(x^*(\alpha_1, \cdots, \alpha_n), \alpha_1, \cdots, \alpha_n)$）。

c. 在不使用包络定理的前提下，是什么使得罗伊恒等式的证明变得简单了？

生产者

习题 5（简单题）

假设技术 Z 和生产函数 f 用来描述同一个生产者，该生产者用商品 1, …, $K-1$ 来生产商品 K。证明：当且仅当 f 是一个凹函数时，Z 是一个凸集。

习题 6（简单题）

考虑这样的生产者，他使用 L 种投入品，生产 $K-L$ 种产出。W 表示投入品 L 的价格向量，$a_k(w, y)$表示在价格向量是 w 且生产者希望产出是 y 的前提下对第 k 种投入品的需求。证明以下内容：

a. $C(\lambda w, y)=\lambda C(w, y)$。

b. 对于任意的投入品价格 w_k，C 是非递减的。

c. C 在 w 上是凹的。

d. 谢泼德引理(Shepherd's lemma)：若 C 是可微的，则 $dC/dw_k(w, y)=a_k(w, y)$（第 k 种投入品）。

e. 若 C 是二阶连续可微的，则对于任意的两种商品 j 和 k，有 $da_k/dw_j(w, y)=da_j/dw_k(w, y)$。

习题 7（难度适中）

考虑一家企业，它用 L 种投入品生产一种商品，并且在实现利润水平 ρ 的约束下，最大化产量（如果不能达到利润水平 ρ，就不生产）。证明以下假设的合理性：

a. 对每一个价格向量，该企业问题都有一个唯一解。

b. 该企业的供给函数对于价格是单调的。

c. 若 $\rho=0$，则该企业的供给函数对于价格是连续的。

d. 该企业的供给函数对于利润 ρ 是单调的。

习题 8(难度适中，基于 Radner(1993))

通常，我们假设成本函数 C 在产出向量上是凸的。大量关于生产的研究都有一个目标：探索是否可以用更多的原始假设来推导出凸性假设。当产品与信息收集或者数据处理有关时，凸性假设常常不成立。

譬如，考虑一家企业在电视节目播出之后立刻进行电话调查。调查的目的是在 4 单位的时间内尽可能多地收集观众的信息。w 是支付给每个工人的工资(即使他是懒惰的)。在 1 单位时间内，每个工人可以与一名调查者谈话或者与一名同事进行信息的来回传输。在 4 单位时间结束的时候，收集到的信息必须集中到一名同事的手中(他将宣布结果)，定义这家企业的产品，计算成本函数以及检验它的凹凸性。

习题 9(标准题)

一个事件发生与不发生的概率都是 0.5。一家企业必须采用“这个事情会发生”或者“这个事情不会发生”的形式来提供一个报告。报告的质量 q(企业的产品)是指该报告正确的可能性。K 个专家(投入)每人都会准备一份独立的建议报告，且这份报告正确的概率为 $1>p>0.5$。这家公司根据这 k 份建议来最大化 q。

a. 对于(至少) $k=1, 2, 3$，计算生产函数 $q=f(k)$。

b. 若边际产量是非增的，我们称这个“离散”的生产函数是凹的。这个生产函数是凹的吗?

假设，若企业的报告最终预测正确，它将会得到奖励 M，每个工人的工资是 w。

c. 解释以下说法为什么是正确的：若 f 是凹的，则这家企业将会选择 k^*。其中，k^* 由以下方式得到：第 k^* 个工人是最后一个使得他的边际收益超过 w 的工人。

d. 这个结果在我们的案例中是正确的吗?

习题 10(难度适中)

有这样一个经济人,他既是生产者又是消费者。他拥有 a_0 单位的商品 1,并且可以利用 a_0 中的一部分来生产出商品 2。他的生产函数 f 满足单调性、连续性和严格凹性,他的偏好满足调性、连续性和严格凸性。若他使用了 a 单位的商品 1 用于生产,则他能够消费商品束 $(a_0-a, f(a))$, $a<a_0$。该经济人心中有三个"中心":

- "价格中心"宣布了一个价格向量(p_1, p_2)。
- "生产中心"将价格向量看成是给定的,并且以下面两个规则操作:

规则 1:最大化利润, $p_2f(a)-p_1a$。

规则 2:在不造成任何损失的约束下,最大化产量。即: $p_2f(a)-p_1a\geqslant 0$。生产中心出来的结果就是可消费的商品束。

- "消费中心"将 $(a_0-a, f(a))$ 作为禀赋,并且根据价格中心给出的价格找到最优的消费选择。

价格中心宣布的价格是通过以下原则产生:该价格使得另外两个中心达到一种和谐,即消费中心发现生产中心出来的结果 $(a_0-a, f(a))$ 正好是该价格下的最优消费选择。

a. 证明:在规则 1 下,该经济人消费商品束 $(a_0-a^*, f(a^*))$ 且该商品束能够最大化偏好。

b. 在规则 2 下,经济人的消费量是多少?

c. 说明并给出一个一般的结论。该结论是以下两类个人的比较:其中一类个人的"生产中心"采用规则 1,另外一类个人的"生产中心"采用规则 2。

▶第 7 讲

期望效用

7.1 彩票

在考虑决策问题时，我们经常区分行动和结果。人们选择了某一行动，然后导致了结果。理性人在这些结果上具有偏好，并且他们会选择可行的行动以产生最合意的结果。在理性人讨论中，迄今为止，我们并没有区分行动和结果，这是因为当每一个行动确定地产生某个特殊的结果时，对这种情形建模是不必要的。

在本讲中，我们将讨论的决策者，其行动和结果之间的对应关系并不是确定的，而是**随机的**。决策者对行动的选择被看作是选择彩票，而奖金就是结果。我们感兴趣的是他在彩票集合上的偏好和选择。

令 Z 为结果集(奖金集)。在本讲中，我们假设 Z 是一个有限集。一个彩票是 Z 上的一个概率测度，也即彩票 p 是一个函数，它给每一个奖金 z 赋定一个非负值 $p(z)$，其中，$\sum z \in Zp(z)=1$。数值 $p(z)$被看作是在给定彩票 p 时，获得奖金 z 的客观概率。

记$[z]$为退化彩票，有$[z](z)=1$。我们用符号 $\alpha x \oplus (1-\alpha) y$ 来表示如下彩票：获得奖金 x 的概率为α，获得奖金 y 的概率为 $1-\alpha$。

记 $L(Z)$为无限空间，它包含 Z 中的所有有奖彩票。给定结果集 Z，彩票空间 $L(Z)$可用欧氏空间中的单形确定：$\{x \in \mathbb{R}_{+}^{Z} \mid \sum x_z=1\}$，其中 $\mathbb{R}_{+}^{Z}$ 是从 Z 到 $\mathbb{R}_{+}$ 的函数集合。单形的极值点对应于以 1 的概率获得奖金的退化彩票。我们现在讨论 $L(Z)$上的偏好。

上述规范定义中的隐含假设是：决策者并不关心随机因素的性质，而只关心结果的分布情况。要理解这一点，考虑这样的情形：下雨的概率为 1/2，且 $Z=\{z_1, z_2\}$，其中 z_1 =“带了伞”，z_2 =“没带伞”。“下雨时你有 z_1，不下雨时你有 z_2”这样一个彩票，与“不下雨时你有 z_1，下雨时你有 z_2”这个彩票是不等价的。因此，当人们对结果的态度取决于在每种可能的偶然性中发生的事件时，我们必须小心，不要将模型应用在这种情形上。

7.2 偏好

首先，我们考虑空间 $L(Z)$ 上几个“合理”偏好的例子。如下：

● **均质分布上的偏好**：决策者偏好于分散度不强的彩票，其中分散度由 $\sum_z (p(z)-1/|Z|)^2$ 来测量。

● **确定性上的极限偏好**：若 $\max_z p(z)$ 大于 $\max_z q(z)$，则决策者对 p 的偏好大于 q。

● **支集的大小**：决策者对每一个彩票的评价，是通过具有正的实现概率的奖金数量来进行的，即由彩票的支集 $\text{supp}(p)=\{z \mid p(z)>0\}$ 的大小来评价。若 $|\text{supp}(p)| \leqslant |\text{supp}(q)|$，他偏好于彩票 p 而不是 q。

上述三个例子是关于退化彩票的，因为这些偏好忽略了结果，而仅取决于概率向量。在下面给出的例子中，偏好则考虑了对奖金的评价：

● **增加“好”结果的概率**：集合 Z 被分割为两个不相交的集合 G(好)和 B(坏)，决策者偏好于“有更高概率产生‘好’的奖金的彩票”。

● **最差情形**：决策者利用**最差可能情形**来评价彩票。他给每个奖金 z 赋定一个数字 $v(z)$，且若 $\min\{v(z) \mid p(z)>0\} \geqslant \min\{v(z) \mid q(z)>0\}$ 时，有 $p \succsim q$。这个标准常被应用于计算机科学中，其中，若某一算法在最差的情况下运行得更好，而与最差情形所发生的可能性无关时，则相对于其他的算法而言，它更受偏好。

● **比较最可能的奖金**：决策者考虑每一个彩票中最可能(以某种随

机的方式打破僵局)的奖金,并且根据 Z 上的一个基本偏好关系来比较两个彩票。

- 字典序偏好:奖金的排序为 $z_1, \cdots, z_K$,且若 $(p(z_1), \cdots, p(z_K)) \geqslant_L (q(z_1), \cdots, q(z_K))$,有 $p \succsim q$。
- **期望效用**:给每一个奖金赋定一个数值 $v(z)$,根据彩票的期望 v 来评价它,也即,按照 $\sum_z p(z)v(z)$ 来评价。因此有:

$$\text{若 } U(p) = \sum_{z \in Z} p(z)v(z) \geqslant U(q) = \sum_{z \in Z} q(z)v(z),\text{ 有 } p \succsim q$$

注意到,上述的例子是很好的组成成分,我们可以将其以不同的方式进行组合,构造出更加丰富的示例类型。譬如,“确定性”的时候可以采用其中的一个偏好,非确定性情形下需要打破僵局的时候可以用第二个偏好。

示例的丰富性要求我们对彩票的偏好关系进行分类,并研究这些关系满足的属性。我们遵循的方法,就是规范地表述一般原理(公理),这些原理适用于彩票空间上的偏好。每个公理都具有一致性要求或者涉及决策的程序问题。偏好关系簇的公理化,使得我们在侧重于这类特殊的偏好关系簇时具有正当理由。

7.3 冯·诺依曼—摩根斯坦公理化方法

这里给出的冯·诺依曼—摩根斯坦公理化方法(von Neumann-Morgenstern)的版本使用了两个公理,即独立性公理和连续性公理。

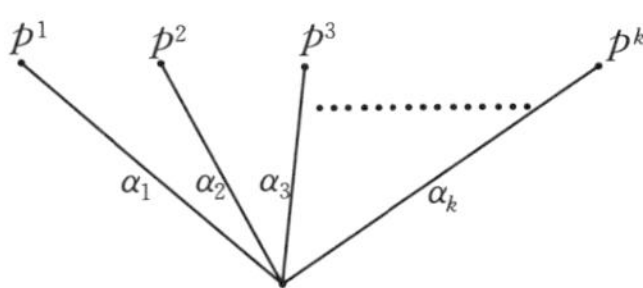

图 7.1 复合彩票 $\oplus_{k=1}^{K} \alpha_k p^k$

独立性公理

为说明第一个定理,我们还需要引入一个“复合彩票”的概念

(见图 7.1):给定一个 K 元组彩票 $(p^k)_{k=1,\cdots,K}$ 和一个非负数值 K 元组 $(\alpha_k)_{k=1,\cdots,K}$(其和为 1)。定义 $\oplus_{k=1}^{K}\alpha_k p^k$ 为 $(\oplus_{k=1}^{K}\alpha_k p^k)(z)=\sum_{k=1}^{K}\alpha_k p^k(z)$ 的彩票。读者可验证 $\oplus_{k=1}^{K}x_k p^k$ 确实是一个彩票。当只有两个彩票 p^1 和 p^2 时,我们使用记号 $\alpha_1 p^1\oplus(1-\alpha_1)p^2$ 来表示。

我们将 $\oplus_{k=1}^{K}\alpha_k p^k$ 看作一个复合彩票,采用下述的两阶段法:

阶段 1:p^1, …, p^K 中哪一个彩票得以实现是随机决定的;α_k 是 p^k 实现的概率。

阶段 2:获得的奖金随机地来源于阶段 1 中所确定的彩票。

两个阶段中的随机因素被认为是相互独立的。在比较两个复合彩票 $\alpha p\oplus(1-\alpha)r$ 和 $\alpha q\oplus(1-\alpha)r$ 时,我们试图简化比较,并在对 p 和 q 进行比较的基础上构建偏好。这种构建便转化为如下公理:

独立性公理(I)

对于任意 p, q, $r\in L(Z)$ 和任意 $\alpha\in(0,1)$,当且仅当 $\alpha p\oplus(1-\alpha)r\succsim\alpha q\oplus(1-\alpha)r$ 时,有 $p\succsim q$。

由公理 I 可知如下性质:

I^*

令 $\{p^k\}_{k=1,\cdots,K}$ 为彩票向量,q^{k^*} 为一个彩票,$(\alpha_k)_{k=1,\cdots,K}$ 为一组非负数,使得 $\alpha_{k^*}>0$,且 $\sum_k\alpha_k=1$。

则有:

当对于所有的 k(除 k^* 外)有 $p^k=q^k$ 时,当且仅当 $p^{k^*}\succsim q^{k^*}$,有 $\oplus_{k=1}^{K}\alpha_k p^k\succsim\oplus_{k=1}^{K}\alpha_k q^k$。

为弄清楚这一点,注意:

当且仅当 $p^{k^*}\succsim q^{k^*}$ 时,有:

$$\oplus_{k=1,\cdots,K}\alpha_k p^k=\alpha_{k^*}q^{k^*}\oplus(1-\alpha_{k^*})(\oplus_{k\neq k^*}[\alpha_k/(1-\alpha_{k^*})]p^k)$$

$$\succsim \alpha_{k^*} q^{k^*} \oplus (1-\alpha_{k^*})(\oplus_{k\neq k^*}[\alpha_k/(1-\alpha_{k^*})]p^k) = \oplus_{k=1}^{K}\alpha_k q^k$$

引理

令 $\succsim$ 为 $L(Z)$ 上满足公理 I 的偏好。令 x，$y \in Z$ 使得 $[x] \succ [y]$ 且 $1 \geqslant \alpha > \beta \geqslant 0$。则有：

$$\alpha x \oplus (1-\alpha)y \succ \beta x \oplus (1-\beta)y$$

证明

若有 $\alpha=1$ 或 $\beta=0$，则由独立性公理 I 可得。否则，由独立性公理 I，可得 $\alpha x \oplus (1-\alpha)y \succ \{y\}$。再一次使用独立性公理 I，我们有：

$$\alpha x \oplus (1-\alpha)y \succ (\beta/\alpha)(\alpha x \oplus (1-\alpha)y) \oplus (1-\beta/\alpha)[y]$$
$$=\beta x \oplus (1-\beta)y$$

连续性公理

再一次地，我们将运用连续性假设，它与消费者模型中所用的连续性假设基本上相同。连续性意味着，偏好不会对概率的微小变化过度敏感。

连续性（C）

若 $p \succ q$，则存在 p 的邻域 $B(p)$ 和 q 的邻域 $B(q)$（当 p 和 q 表示为 $\mathbb{R}_{+}^{|z|}$ 中的向量时），使得：

对于所有的 $p' \in B(p)$ 和 $q' \in B(p)$，有 $p' \succ q'$

请验证：连续性假设具有如下的性质，有时该性质也被认为是连续性的另一种定义。

C^*

若 $p \succ q \succ r$，则存在 $\alpha \in (0, 1)$ 使得：

$$q \sim [\alpha p \oplus (1-\alpha) r]$$

我们现在来检验一下前面所讨论的一些例子是否满足这两个公理：

● **期望效用**：注意到函数 $U(p)$ 是线性的：

$$U(\oplus_{k=1}^{K} \alpha_k p^k) = \sum_{z \in Z} [\oplus_{k=1}^{K} \alpha_k p^k](z) v(z) = \sum_{z \in Z} [\sum_{k=1}^{K} \alpha_k p^k(z)] v(z)$$
$$= \sum_{k=1}^{K} \alpha_k [p^k(z) v(z)] = \sum_{k=1}^{K} \alpha_k U(p^k)$$

由此可知，任一此种偏好关系均满足 I。因为函数 $U(p)$ 在概率向量上是连续的，因此它也满足 C。

● **增加"好"结果的概率**：因为这种偏好关系可由 v 的期望来表示，其中，对于 $z \in G$ 有 $v(z)=1$，且对于 $z \in B$ 有 $v(z)=0$，因此它满足这两个公理。

● **对最可能结果的偏好**：这种偏好关系是连续的（因为表示此种偏好关系的函数 $\max\{p_1, \cdots, p_K\}$ 在概率上是连续的）。它并不满足 I，举例来说，尽管有 $[z_1] \sim [z_2]$，但是却有 $[z_1] = 1/2[z_1] \oplus 1/2[z_1] \succ 1/2[z_1] \oplus 1/2[z_2]$

● **字典序偏好**：这样的偏好关系满足 I 但不满足 C（请验证）。

● **最坏情形**：这种偏好关系并不满足 C，在两奖金的情况下，其中 $v(z_1) > v(z_2)$，有 $[z_1] \succ 1/2[z_1] \oplus 1/2[z_2]$。将其视为 $\mathbb{R}^2_+$ 中的点，我们可以将之重新写为 $(1, 0) \succ (1/2, 1/2)$。在 $(1, 0)$ 的邻域内所包含的彩票并不严格偏好于 $(1/2, 1/2)$，因此 C 不满足。这种偏好关系也不满足 I（$[z_1] \succ [z_2]$ 但是有 $1/2[z_1] \oplus 1/2[z_2] \sim [z_2]$。）

7.4 效用表示

由德布鲁定理可知，对于任意定义在满足 C 的彩票空间上的关系

$\succsim$，存在一个效用表示 $U: L(Z) \to \mathbb{R}$，该函数在概率上是连续的，使得当且仅当 $U(p) \geqslant U(q)$ 时，有 $p \succsim q$。我们将使用上述的公理分离出一类偏好关系，这些偏好关系由更具构造性的效用函数来表示。

定理(vNM)

令 $\succsim$ 为 $L(Z)$ 上的偏好关系，满足 I 和 C。存在数值 $(v(z))_{z\in Z}$ 使得

$$\text{当且仅当 } U(p)=\sum_{z\in Z}p(z)v(z)\geqslant U(q) \text{ 时，有 } p\succsim q$$

注意 $U(p)$（彩票 p 的效用值）和 $v(z)$[称为伯努利值(Bernoulli numbers)或 vNM 效用]。函数 v 是表示 Z 上的偏好的效用函数，也是构造 $U(p)$ 的基石，$U(p)$ 是表示 $L(Z)$ 上的偏好的效用函数。我们常常将 v 看作 $L(Z)$ 上表示偏好 $\succsim$ 的 vNM 效用函数。

证明

令 M 和 m 分别为 $L(Z)$ 中最好和最差的某个彩票。

首先考虑 $M \sim m$ 的情形。由独立性公理 I^* 可得出，对于任意 p 有 $p \sim m$，且因此对于所有的 $p, q \in L(Z)$，有 $p \sim q$。因此，任意常效用函数都可表示 $\succsim$。对于所有的 z，选择 $v(z)=0$，对于所有的 $p \in L(Z)$，我们有 $\sum_{z\in Z}p(z)v(z)=0$。

现在考虑 $M \succ m$ 的情形。由连续性公理 C^* 和引理可知，存在一个单值 $v(z)\in[0, 1]$，使得 $v(z)M \oplus (1-v(z))m \sim [z]$。[特别地，$v(M)=1$ 和 $v(m)=0$。]由独立性公理 I^*，可得到：

$$p \sim (\sum_{z\in Z}p(z)v(z))M \oplus (1-\sum_{z\in Z}p(z)v(z))m$$

且由引理可知，当且仅当 $\sum_{z\in Z}p(z)v(z) \geqslant \sum_{z\in Z}q(z)v(z)$ 时，有 $p \succsim q$。

7.5 vNM 效用的唯一性

vNM 效用是唯一的正仿射变换(即乘上一个正数并加上任意标量),且对任意单调变换不是不变的。考虑定义在 $L(Z)$ 上的偏好关系 $\succsim$,并令 $v(z)$ 为表示该偏好关系的 vNM 效用。当然,对于所有的 z(对某些 $\alpha>0$ 和某些 β),定义 $w(z)=\alpha v(z)+\beta$,则效用函数 $W(p)=\sum_{z\in Z}p(z)v(z)w(z)$ 同样表示 $\succsim$。

进一步地,假设 $W(p)=\sum_{z\in Z}p(z)w(z)$ 也表示偏好 $\succsim$。我们将说明,w 必为 v 的一个正仿射变换。为理解这点,令 $\alpha>0$ 和 β 满足:

$$w(M)=\alpha v(M)+\beta \text{ 和 } w(m)=\alpha v(m)+\beta$$

($v(M)>v(m)$ 和 $w(M)>w(m)$ 保证了 $\alpha>0$ 和 β 的存在性。)对于任意 $z\in Z$,必定存在数 p,使得 $[z]\sim pM\oplus(1-p)m$,因此,必有:

$$\begin{aligned}w(z)&=pw(M)+(1-p)W(m)\\&=p[\alpha v(M)+\beta]+(1-p)v(m)+\beta]\\&=\alpha[pv(M)+(1-p)v(m)]+\beta\\&=\alpha v(z)+\beta\end{aligned}$$

7.6 荷兰赌论

有些人将期望效用最大化视为一个规范性原理。其中有一个观点可以用来支持这种看法,这就是荷兰赌论。假设 $L_1>L_2$,且假设 $\alpha L\oplus(1-\alpha)L_2>\alpha L\oplus(1-\alpha)L_1$。我们可以对决策者施加如下的“诡计”:

1. 取 $\alpha L\oplus(1-\alpha)L_1$[可以将其描述为随机事件 E 的一个偶然性,我们两个人都认为它的概率为 $(1-\alpha)$。]

2. 另取 $\alpha L\oplus(1-\alpha)L_2$,这是你所偏好的(并且你向我支付了一笔钱……)。

3. 我们俩人都同意,在 E 发生的情况下,将用 L_1 来替换 L_2(并且你现在支付我一笔钱……)。

4. 注意到你拥有的是 $\alpha L \oplus (1-\alpha)L_1$。

5. 现在,让我们重新玩这个游戏……

7.7 讨论 vNM 理论的可信性

许多实验都揭示了对 vNM 假设的系统性偏离。其中最著名的便是阿莱悖伦(Allais paradox)。下面给出了该悖伦的其中一个版本[见 Kahneman 和 Tversky(1979)]:

首先,在如下两个彩票之间进行选择:

$$L_1 = 0.25[3000] \oplus 0.75[0] \text{ 和 } L_2 = 0.2[4000] \oplus 0.8[0]$$

然后再从下述中的两个彩票之间做出选择:

$$L_3 = 1[3000] \text{ 和 } L_4 = 0.8[4000] \oplus 0.2[0]$$

注意到,$L_1 = 0.25L_3 \oplus 0.75[0]$ 和 $L_2 = 0.25L_4 \oplus 0.75[0]$。独立性公理 I 要求 L_1 和 L_2 之间的偏好分别与 L_3 和 L_4 之间的偏好相同。然而,实验中的大部分人都表现出 $L_1 \prec L_2$ 的偏好,甚至更大一部分人认为 $L_3 \succ L_4$。即使在经济学专业的研究生中,这种现象仍然存在。在普林斯顿、特拉维夫和纽约大学的 228 名研究生中,尽管他们被要求依次回答上述两个选择问题,但有 68%的学生选择了 L_2,而有 78%的学生选择了 L_3。这就意味着至少有 46%的学生的选择违背了独立性 I。

阿莱悖论的例子(再次)证明了偏好对备择项构建框架的敏感性。当彩票 L_1 和 L_2 如上述方式给出时,大部分人更偏好 L_2。但是,当我们将 L_1 和 L_2 以复合彩票 $L_1 = 0.25L_3 \oplus 0.75[0]$ 和 $L_2 = 0.25L_4 \oplus 0.75[0]$ 的形式给出时,大部分的实验对象对 L_1 的偏好就大于 L_2 了。

说明

在证明 vNM 的定理的过程中,我们已经看到,独立性公理说明了:若某人认为 z 和 z' 之间是无差异的,那么他也会认为 z 和任意以 z 和 z'

作为奖金的彩票之间也无差异。若我们考虑到选择奖金的随机过程的公平性时，这种观点就不具说服力了。譬如，考虑有一个家长，他有一件礼物，有两个孩子 M 和 Y（大家猜猜我选择这两个字母的用意）。他将选择一个彩票 $L(p)$：以概率 p 给 M 礼物，以概率 $1-p$ 给 Y 以礼物。这个家长并不偏向于其中的一个小孩。vNM 方法"预测"他对所有决定谁能收到礼物的彩票都无差异，而常识告诉我们，他通常会严格地偏好于 $L(1/2)$。

7.8 主观期望效用

在上述的讨论中，彩票是对获得每个奖金概率的描述。在许多情况下，备择项将导致依赖于某些事件的不确定性结果的产生，尽管这些事件发生的概率并没有被给出。决策者对备择项的态度将取决于他对这些事件发生可能性的评估。在本节中，我们将说明从偏好中引出概率的基本思想。

Savage 的模型在这方面做了主要的研究。然而 Savage 的公理化方法相当复杂，我们将在本节中给出一个非常简单的模型（来自 de Finetti），这个模型说明了该方法的重要组成部分。

在这个模型中，彩票的概念被下注的概念所取代。考虑这样一个情形：一个人对 K 匹马比赛进行下注（不言自明的是，这些马的集合表示相互排斥事件的一个详尽列表）。一个赌注便是一个向量（x_1，…，x_K），并解释为：若马匹 k 获胜，则决策者赢得 \$ x_k 的奖金（x_k 可以为任意实数）。令 B 表示所有投注的集合，假设表现更好的在 B 上有一个偏好关系。

下面给出该偏好关系的三个性质：

- **连续性**：也即我们在欧氏空间中使用的标准连续性质。
- **弱单调性**：对于所有的 k，若 $x_k > y_k$，则有 $x \succ y$。
- **可加性**：若 $x \succsim y$，则对于所有的 z，有 $x+z \succsim y+z$。（注意，这也暗含了若 $x \succ y$，则对于所有的 z，有 $x+z \succ y+z$ 。）

对可加性一个可能的解释如下：假设决策者的财富有两个组成部

分：其中的一部分 z 与不同赌注间的选择无关。而另一部分则取决于他所选择的赌注是 x 还是 y。可加性说明了决策者对赌注 x 和 y 的态度是与 z 无关的。

定理

当且仅当存在概率向量$(\pi_1, \cdots, \pi_K)$，使得当且仅当 $\sum \pi_k x_k \geqslant \sum \pi_k y_k$ 时有 $x \succsim y$，则偏好关系 $\succsim$ 满足连续性、弱单调性和可加性。

证明

事实上，我们已经证明了该断言在 $K=2$ 情形下成立（见习题集 2 习题 6）。下面我们给出另一种方法，对任意 K 的情形进行证明：

由 $\sum \pi_k x_k$ 表示的偏好关系显然满足上述三个性质。

另一方面，假设 $\succsim$ 满足这三个性质。首先，考虑两个集合 $U=\{x \mid x \succsim 0\}$ 和 $D=\{x \mid 0 \succ x\}$。两者均是非空集。由连续性可知，U 是闭集，D 是开集。注意到若 $x \succsim 0$，$y \succsim 0$，则由可加性可得 $x+y \succsim y \succsim 0$。进一步地，由可加性可知，若 $x \succsim 0$，那么对于所有的 $\lambda = m/2^n$，我们有 $\lambda x \succsim 0$，且由连续性可知，对于所有的 λ，有 $\lambda x \succsim 0$。因此，若 $x \succsim 0$，$y \succsim 0$，则有 $\lambda x \succsim 0$，$(1-\lambda)y \succsim 0$ 和 $\lambda x+(1-\lambda)y \succsim 0$，也即 U 是凸的。类似地，D 也是凸的。由偏好关系的定义可知，集合 U 和 D 对 $\mathbb{R}^K$ 进行了划分，也即，$U \cup D = \mathbb{R}^K$ 且 $U \cap D = \varnothing$。

现在，我们用一种分离定理来进行总结，存在一个非零向量 $\pi = (\pi_1, \cdots, \pi_K)$ 和一个数值 c 使得 $U=\{x \mid \pi x \geqslant c\}$ 和 $D=\{x \mid \pi x < c\}$。由弱单调性容易看出对于所有的 k，有 $c=0$，$\pi \neq 0$ 及 $\pi_k \geqslant 0$。因此，不失一般性地，我们可以假设 $\sum \pi_k = 1$。

现在，当且仅当 $x-y \succsim 0$，当且仅当 $\pi(x-y) \succsim 0$，当且仅当 $\pi x \geqslant \pi y$ 时，有 $x \succsim y$。

▶ 参考文献

期望效用理论基于 von Neumann 和 Morgenstern(1944)。Kreps(1988)对这些内容的分析极为出色。要想了解不确定性下决策理论的最新研究,可参考 Gilboa(2009)。Machina(1987)对备择项理论的研究值得推荐。Kahneman 和 Tversky(1979)是对期望效用理论进行心理学批评的必读书。Kahneman 和 Tversky(2000)涵盖了更多最新的资料。

习题集 7

习题 1(标准题)

考虑如下的偏好关系,它们在正文中已经有了描述:"支集的大小"和"比较最有可能的奖金":

a. 仔细检验上述两个偏好关系是否满足公理 I 和 C。

b. 证明这些偏好关系也存在"框架问题",并解释。

习题 2[标准题,基于 Markowitz(1959)]

一种构建带有货币奖金的彩票中的偏好的方法是:按照 L 的期望 $Ex(L)$ 和 L 的方差 $\text{var}(L)$ 来对评价每个彩票 L。这种构建方法可能与 vNM 假设一致,也可能与其不一致。

a. 证明:由函数 $u(L)=Ex(L)-(1/4)\text{var}(L)$ 推导出的偏好关系与 vNM 假设不一致。(譬如,考虑每一个彩票[1]和 $0.5[0]\oplus 0.5[4]$ 与 $0.5[0]\oplus 0.5[2]$ 的组合。)

b. 证明:效用函数 $u(L)=Ex(L)-(Ex(L))^2-\text{var}(L)$ 与 vNM 假设一致。

习题 3(标准题)

决策者在彩票空间 $L(Z)$ 上具有偏好关系 $\succsim$,该彩票空间具有奖金集 Z。在星期天时他了解到:在星期一,他将被告知是否他必须在 L_1 和 L_2 进行选择(概率为 $1>\alpha>0$)还是必须在 L_3 和 L_4 进行选择(概率为

$1-\alpha$)。在那时,他将作出选择。

我们现在比较一下决策者可以采取的两种可能的方法。

方法 1:他将决策推迟到周一再进行("若我能明天才需作出决策,为何要现在来烦扰自己呢……")。

方法 2:他在星期天对其星期一将作出何种选择,作出了一个随机决策。即当他面临着从 L_1 和 L_2 之间作出选择时,他决定自己该做什么;当他面临着从 L_3 和 L_4 之间作出选择时,他决定自己该做什么("在周一早晨,我将会如此忙碌……")。

a. 将方法 2 构建成彩票之间的选择。

b. 证明:若决策者的偏好满足独立性公理,那么他根据方法 2 作出的选择总是与根据方法 1 作出的选择一样。

习题 4(难题)

决策者必须从集合 A 中选择一个行动。结果集为 Z。对于每一个行动 $a \in A$,结果 z^* 实现的概率为 α,并且任意 $z \in Z-\{z^*\}$ 实现的概率为 $r(a, z)=(1-\alpha)q(a, z)$。

a. 假设在他作出决策之后,他被告知 z^* 将不会发生,并且他拥有一个改变决策的机会。证明:若决策者遵守贝叶斯更新规则并遵循 vNM 公理,那么他将不会改变自己的决策。

b. 举一个例子:若决策者遵循非期望效用偏好关系或遵守贝叶斯更新规则,那么他的行为便不是时间一致的了。

习题 5(标准题)

假设存在一个有限数量的收入水平。收入分布给出了每个收入水平上个体所占的比例。因此,收入分配拥有同彩票一样的数学结构。考虑这样一个二元关系"一种收入分配方法比另一种方法更加公平"。

a. 为什么 vNM 独立性公理不适用于描述此类关系?

b. 根据你的想法,提出一个性质,使其适用于作为此类关系的一个公理。举出两个偏好关系的例子,说明它们满足该性质。

习题 6[难题,基于 Miyamoto, Wakker, Bleichrodt 和 Peters (1998)]

有一个决策者面临着生命长度和生活质量之间的权衡抉择。在形如(q, t)的所有结果所组成的集合上(定义:生命质量为 q,生命长度为 t,且两者皆为非负数),他的偏好对这种类型的彩票进行了排序。假设这个偏好关系满足 vNM 假设,并且,它还满足如下条件:

1. 在任意两个确定的彩票$[(q, 0)]$和$[(q', 0)]$之间,两者无差异。

2. 对生命长度风险中立:"拥有期望生命长度 T 的不确定寿命"与"当 q 固定,拥有确定生命长度 T 的寿命"偏好程度一样。

3. 无论生命质量如何,生命长度越长越好。

a. 证明:由最大化函数 $v(q)t$ 推导出的偏好关系满足上述假设,其中对于所有的 q,有 $v(q) > 0$。

习题 7(思考素材)

考虑一个决策者,他系统性地进行如下计算:$2+3=6$。构建一个针对他的"金钱吸干法"模型。并讨论这个模型。

▶第 8 讲

风险厌恶

8.1 含货币奖金的彩票

我们接着讨论一个满足 vNM 假设的决策者，其中，奖金空间 Z 是一个实数集，且 $a \in Z$ 解释为“获得 \$ a”。注意到，在第 7 讲中我们假设集合 Z 为有限集。然而在这里，我们将把期望效用的方法应用到一个无限集上。为简便起见，我们仍只考虑有有限支集的彩票。换言之，在本讲中，彩票 p 是 Z 上的实函数，使得对于所有的 $z \in Z$，有 $p(z) \geqslant 0$，且存在有限集 Y 使得 $\sum_{z \in Y} p(z) = 1$。将在第 7 讲中出现的公理化方法应用到本例中是一件轻而易举的事。

我们将作出一些特殊的假设，这样便可以将 Z 中的元素解释为货币的总和。回想一下，$[x]$ 表示确定性地产生奖金 x 的彩票。若 $a > b$ 可推出 $[a] \succ [b]$ 时，我们称 $\succsim$ 满足单调性。

从现在开始，我们将重点讨论具有连续函数 u 的彩票空间上的偏好关系，该连续函数使得彩票上的偏好关系可用函数 $Eu(p) = \sum_{z \in Y} p(z)u(z)$ 来表示。这个函数给彩票 p 赋定随机变量的期望，即以概率 $p(x)$ 得到值 $u(x)$。

下述观点被称为圣彼得堡悖论(St. Petersburg Paradox)，有时被认为是 vNM 效用函数的有界假设的理由。假设决策者拥有一个无界 vNM 效用函数 u。考虑对他施加如下的“诡计”：

1. 假设他拥有财富 x_0。

2. 给他一个彩票：这个彩票有 1/2 的概率使他的财富降为 0，有 1/2 的概率使他的财富增加至 x_1，使得 $u(x_0) < [u(0)+u(x_1)]/2$。由 u 的无界性可知，的确存在这样一个 x_1。

3. 若他发生了损失，那么你会很开心。如果他足够幸运，在你给他 x_1 之前，你再给他一个彩票：以 1/2 的概率给他 x_2，否则为 0，其中 x_2 使得 $u(x_1) < [u(0)+u(x_2)]/2$。

4. 继续进行下去……

（可怜）的决策者将会发现，他将以概率 1 获得 0 的财富。

8.2 一阶随机占优

若 $L(Z)$ 上的任意 $\succsim$ 满足 vNM 假设并满足货币的单调性，且有 $p \succsim q$，则我们称 **p 一阶随机占优于 q**（记为 pD_1q）。即对于所有递增的 u，若 $Eu(p) \geqslant Eu(q)$，则有 pD_1q。这里给出此类问题的一个最简单的例子："给定 $L(Z)$上的偏好关系集，对于集合中所有的 $\succsim$，什么样的 $p, q \in L(Z)$ 是满足 $p \succsim q$ 的？"在习题集中你将会讨论此类问题的另一个例子。

显然，若 p 的全支集位于 q 的全支集右边，则有 pD_1q。但是对于彩票组 p 和 q，我们关心的是一个更有趣的条件，该条件是"p 一阶随机占优于 q"的结论的充要条件。

对于任一彩票 p 和数值 x，定义 $G(p, x)=\sum_{z\geqslant x} p(x)$（彩票 p 产生的奖金至少为 x 的概率）。记 F 为 p 的累积分布函数，即 $(p, x)=\sum_{z\leqslant x} p(x)$。

定理

当且仅当对所有的 x，有 $G(p, x) \geqslant G(q, x)$ 时，有 pD_1q。（或者，当且仅当对所有的 x，有 $F(p, x) \leqslant F(q, x)$ 时，我们可得 pD_1q。）如图 8.1 所示。

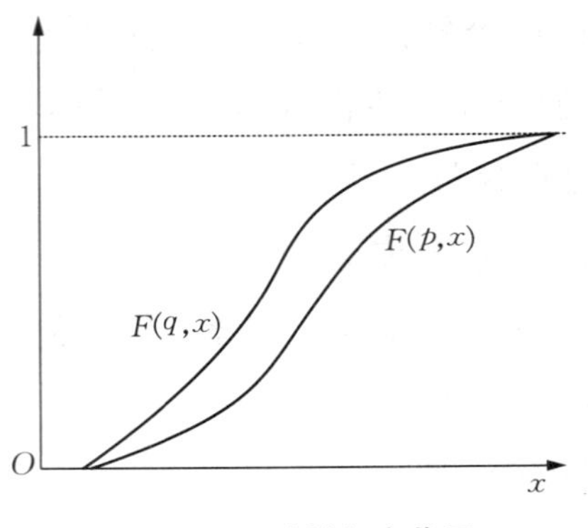

图 8.1　p 一阶随机占优于 q

证明

令 $x_0 < x_1 < x_2 < \cdots < x_K$ 为 p 和 q 支集的并集中的奖金。首先,注意到下述对于 $Eu(p)$的另一种表述:

$$Eu(p) = \sum_{k \geqslant 0} p(x_k)u(x_k) = u(x_0) + \sum_{k \geqslant 1} G(p, x_k)(u(x_k) - u(x_{k-1}))$$

现在,若对于所有的 k 有 $G(p, x_k) \geqslant G(q, x_k)$,那么对于所有递增的 u,有:

$$Eu(p) = u(x_0) + \sum_{k \geqslant 1} G(p, x_k)(u(x_k) - u(x_{k-1})) \geqslant$$
$$u(x_0) + \sum_{k \geqslant 1} G(q, x_k)(u(x_k) - u(x_{k-1})) = Eu(q)$$

相反地,若存在 k^* 使得 $G(p, x_{k^*}) < G(q, x_{k^*})$,则我们可以通过设定 $u(x_{k^*}) - u(x_{k^*-1})$ 非常大,而其他增量非常小,来找到一个递增函数 u 以使得 $Eu(p) < Eu(q)$。

8.3　风险厌恶

若对于任意彩票 p,有 $[Ep] \succsim p$,则我们称$\succsim$为风险厌恶的。

我们现在将看到,对于一个决策者而言,若他拥有遵循 vNM 公理的偏好$\succsim$,则风险厌恶与表示$\succsim$的 vNM 效用函数的凹性紧密相关。

首先，回忆一下凹函数的一些基本性质（若你对那些性质还不太熟悉的话，那么，你现在不妨借助这个宝贵的机会自己证明一下）：

1. 一个递增的凹函数必为连续函数（但是未必是可微的）。

2. **詹森不等式**（Jensen Inequality）：若 u 是凹的，那么对于任意其和为 1 的正数有限序列 $(\alpha_k)_{k=1,\cdots,K}$，有 $u(\sum_{k=1}^{K}\alpha_k x_k) \geqslant \sum_{k=1}^{K}\alpha_k u(x_k)$。

3. **三弦引理**（Three Strings Lemma）：对于任意 $a<b<c$，我们有：

$$
\begin{aligned}
[u(c)-u(b)]/(c-b) &\leqslant [u(c)-u(a)]/(c-a) \\
&\leqslant [u(b)-u(a)]/(b-a)
\end{aligned}
$$

4. 若 u 为二阶可微的，那么对于任意 $a<c$，有 $u'(a) \geqslant u'(c)$，且因此对于所有的 x，有 $u''(x) \leqslant 0$。

定理

令 $\succsim$ 为由 vNM 效用函数 u 所表示的 $L(Z)$ 上的偏好。当且仅当 u 是凹函数时，偏好关系 $\succsim$ 是风险厌恶的。

证明

假设 u 为凹函数。由詹森不等式可知，对于任意彩票 p，有 $u(E(p)) \geqslant Eu(p)$，因此有 $[E(p)] \succsim p$。

假设 $\succsim$ 是风险厌恶的，且假设 u 表示 $\succsim$。对于所有的 $\alpha \in (0, 1)$，及所有的 $x, y \in Z$，由风险厌恶，可得 $[\alpha x+(1-\alpha)y] \succsim \alpha x \oplus (1-\alpha)y$，因此有：$u(\alpha x+(1-\alpha)y) \geqslant \alpha u(x)+(1-\alpha)u(y)$，也即，$u$ 是凹函数。

8.4 确定性等价和风险溢价

令 $E(p)$ 为彩票 p 的期望，即 $E(p)=\sum_{z\in Z}p(z)z$。给定 $L(Z)$ 空间

上的偏好关系$\succsim$，彩票 p 的确定性等价 $CE(p)$ 就是满足 $[CE(p)] \sim p$ 的奖金。（通过假设$\succsim$是单调的，即若 pD_1q，则有 $p \succ q$，以及假设$\succsim$是连续的，即集合 $\{c \in \mathbb{R} | [c] \succ p\}$ 和集合 $\{c \in \mathbb{R} | p \succ c\}$ 是开集，我们可以证明 $CE(p)$ 的存在性。）p 的**风险溢价**是差额 $R(P) = E(p) = CE(p)$。由定义可知，当且仅当对于所有的 p，若有 $R(p) \geqslant 0$，则偏好是风险厌恶的（见图 8.2）。

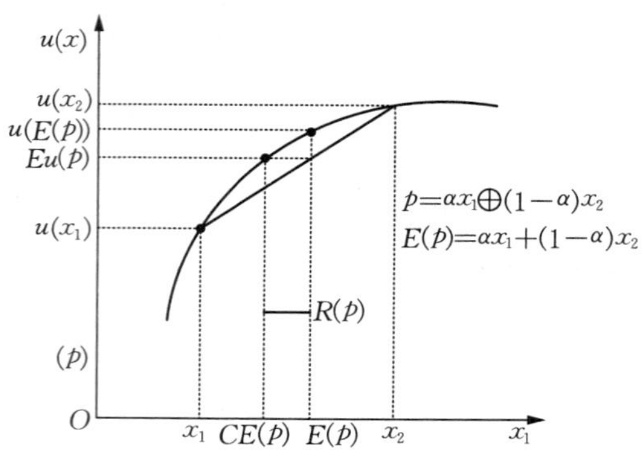

图 8.2 确定性等价和风险溢价

8.5 “更多风险厌恶”关系

我们希望对“一个决策者比另一个决策者具有**更多风险厌恶**”这个表述进行公式化。为理解以下定义的逻辑，我们先看一个类似的句子：“A 比 B 更加厌恶战争”。这句话的一个可能的意思是：只要 A 准备开战，B 也会开战。这句话的另一个可能的意思是，当面临着战争的威胁时，相对于 B 而言，A 会同意接受一个不那么具有吸引力的妥协方案。（注意到，“A 和 B 对‘战争’和‘和平’的理解是一样的”这个假设暗含于上述解释中。）下述的两个定义与这两个解释是类似的（见图 8.3）。

1. 若对于任意彩票 p 和退化彩票 c，$p \succsim_1 c$ 意味着 $p \succsim_2 c$，则称偏好关系$\succsim_1$ 比$\succsim_2$ 具有更多的风险厌恶。

在偏好是单调的情况下，我们有另一个定义：

2. 若对于所有的 p，若有 $CE_1(P) \leqslant CE_2(P)$，则称偏好关系$\succsim_1$ 比$\succsim_2$ 具有更多的风险厌恶。

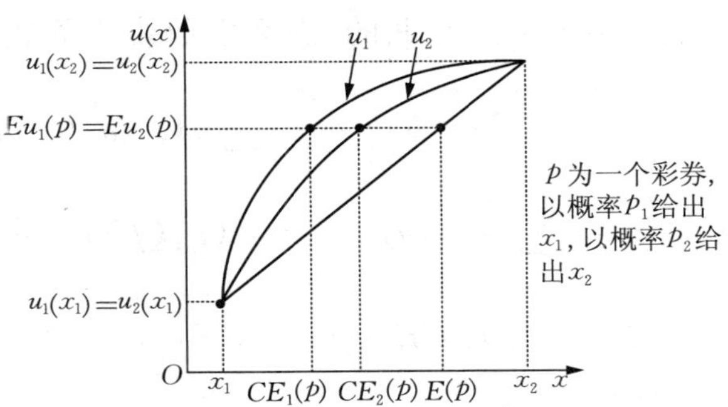

注：p 是一个以概率 p_1 出现 x_1，概率 p_2 出现 x_2 的彩票。

图 8.3　1 比 2 具有更多的风险厌恶

在偏好满足 vNM 假设的情况下，我们有第三个定义：

3. 令 u_1 和 u_2 分别为表示$\succsim_1$ 和$\succsim_2$ 的 vNM 效用函数。若由 $u_1(t)=\varphi(u_2(t))$ 定义的函数 φ 是凹函数，则称偏好关系$\succsim_1$ 比$\succsim_2$ 具有更多的风险厌恶。

注意到定义(1)在任意奖金空间内（不仅仅是那些结果为数值的空间）和在一般的偏好集内（不仅仅是那些满足 vNM 假设的偏好集）都是有意义的。

定理

若 $L(Z)$上的偏好关系$\succsim_1$ 和$\succsim_2$ 均可以由递增的、连续的 vNM 效用函数来表示，则上述三个定义是等价的。

证明

● 若(2)成立，则(1)成立。

假设(2)成立。若有 $p\succsim_1[c]$，则由传递性可得 $[CE_1(P)]\succsim_1[c]$，且由$\succsim_1$ 的单调性，我们有 $CE_1(P)\geqslant c$，这也意味着 $CE_2(P)\geqslant c$，由$\succsim_2$ 的传递性，可得 $p\succsim_2[c]$。

● 若(3)成立，则(2)成立。

由定义，可得 $Eu_i(p)=u_i(CE_i(P))$。因此有 $CE_i(P)=$

$u_i^{-1}(Eu_i(p))$。若 $\varphi = u_1 u_2^{-1}$ 是凹的，那么由詹森不等式，可得：

$$u_1(CE_2(p)) = u_1(u_2^{-1}(Eu_2(p))) = \varphi\left(\sum_x p(x)u_2(x)\right) \geqslant$$

$$\left(\sum_x p(x)\varphi u_2(x)\right) = \sum_x p(x)u_1(x) = E(u_1(p)) = u_1(CE_1(p))$$

因为 u_1 是递增的，因此有 $CE_2(p) \geqslant CE_1(p)$。

- 若(1)成立，则(3)成立。

考虑 u_2 的值域内的三个数值 $u_2(x) < u_2(y) < u_2(z)$，并令 $\lambda \in (0,1)$ 满足 $u_2(y) = \lambda u_2(x) + (1-\lambda)u_2(z)$。我们来证明 $u_1(y) \geqslant \lambda u_1(x) + (1-\lambda)u_1(z)$。

若 $u_1(y) < \lambda u_1(x) + (1-\lambda)u_1(z)$，那么对于某些 $\mu > \lambda$，我们有 $u_1(y) < \mu u_1(x) + (1-\mu)u_1(z)$ 和 $u_2(y) > \mu u_2(x) + (1-\mu)u_2(z)$，也即 $y \prec_1 \mu x \oplus (1-\mu)z$ 和 $y \succ_2 \mu x \oplus (1-\mu)z$，这便与(1)相矛盾。因此有 $y \succsim_1 \lambda x \oplus (1-\lambda)z$ 和 $u_1(y) \geqslant \lambda u_1(x) + (1-\lambda)u_1(z)$。也即，$\varphi(u_2(y)) \geqslant \lambda\varphi(u_2(x)) + (1-\lambda)\varphi(u_2(z))$。因此，$\varphi$ 是凹的。

8.6 绝对风险厌恶系数

下面是“更多风险厌恶”的另一种定义，它适用于 vNM 效用函数二阶可微的情形：

4. 令 u_1 和 u_2 为分别表示 $\succsim_1$ 和 $\succsim_2$ 二阶可微的 vNM 效用函数。若对于所有的 x，有 $r_1(x) \geqslant r_2(x)$，其中 $r_i(x) = -u_i''(x)/u_i'(x)$，则偏好关系 $\succsim_1$ 比 $\succsim_2$ 具有更多的风险厌恶。

数值 $r(x) = -u''(x)/u'(x)$ 称为 u 在 x 处的**绝对风险厌恶系数**。我们可以看到一个更高的绝对风险厌恶系数意味着一个更加厌恶风险的决策者。

为理解(3)和(4)是等价的，注意到下面的一系列等价关系：

- 定义(3)(即 $u_1u_2^{-1}$ 是凹的)满足，当且仅当
- 函数 $\mathrm{d}/\mathrm{d}t[u_1(u_2^{-1}(t))]$ 对 t 是非增的，当且仅当
- $u_1'(u_2^{-1}(t))/u_2'(u_2^{-1}(t))$ 对 t 是非增的(因为 $(\varphi^{-1})'(t) =$

$1/\varphi'(\varphi^{-1}(t))$；

● 当且仅当 $u'_1(x)/u'_2(x)$ 对 x 是非增的（因为 $u_2^{-1}(t)$ 对 t 是递增的），当且仅当

● $\log[(u'_1/u'_2)(x)]=\log u'_1(x)-\log u'_2(x)$ 对 x 非增，当且仅当

● $\log u'_1(x)-\log u'_2(x)$ 的导数非负，当且仅当

● 对于所有 x 有 $r_2(x)-r_1(x)\leqslant 0$，其中 $r_i(x)=-u''_i(x)/u'_i(x)$，当且仅当

● 定义(4)被满足。

为更好地理解绝对风险厌恶系数，研究形如 $(x_1, x_2)=px_1\oplus(1-p)x_2$ 的彩票在受限定义域上的偏好是有益的，其中概率 p 是固定的。用 u 表示的连续的、可微的 vNM 效用函数，表示一个风险厌恶的偏好。

令 $x_2=\psi(x_1)$ 为描述经过 (t, t)（该点表示 $[t]$）的无差异曲线的函数。因此有 $\psi(t)=t$。

由风险厌恶可知，期望为 t 的所有彩票，即所有位于 $\{(x_1, x_2)\mid px_1+(1-p)x_2=t\}$ 曲线上的彩票，都不高过穿过 (t, t) 的无差异曲线。因此有 $\psi'(t)=-p/(1-p)$。

由 u 的定义知，它表示彩票空间上偏好的 vNM 效用函数，我们有 $pu(x_1)+(1-p)u(\psi(x_1))=u(t)$。对 x_1 求导数，有 $pu'(x_1)+(1-p)u'(\psi(x_1))\psi'(x_1)=0$

再一次对 x_1 求导数，我们有

$$pu''(x_1)+(1-p)u''(\psi(x_1))[\psi'(x_1)]^2+(1-p)u'(\psi(x_1))\psi''(x_1)=0$$

在 $x_1=t$ 处我们有：

$$pu''(t)+u''(t)p^2/(1-p)+(1-p)u'(t)\psi''(t)=0$$

因此有：

$$\psi''(t)=-u''(t)/u'(t)[p/(1-p)^2]=r(t)[p/(1-p)^2]$$

注意到，在这个受限的彩票空间上，根据定义(1)，当且仅当经过 (t, t) 的 $\succsim_1$ 无差异曲线（记为 ψ_1）永不低于经过 (t, t) 的 $\succsim_2$ 无差异曲线（记为 ψ_2）时，$\succsim_1$ 比 $\succsim_2$ 具有更多的风险厌恶。结合 $\psi'_1(t)=\psi'_2(t)$，我

们有 $\psi''_1(t) \geqslant \psi''_2(t)$，且因此有 $r_2(t) \leqslant r_1(t)$（见图 8.4）。

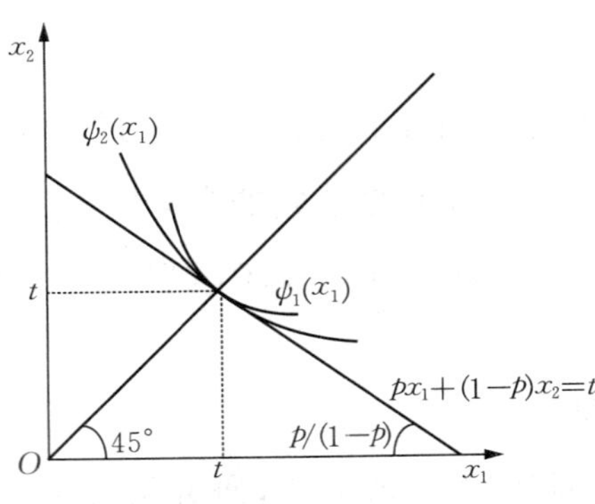

图 8.4　(1)比(2)具有更多风险厌恶

8.7　结果主义说

进行如下的“思维实验”：

你的银行账户上有 2 000 美元，你必须在以下两种情况中进行选择：

1. 确定的损失为 500 美元；

2. 一个彩票：你有 1/2 的概率损失 1 000 美元，有 1/2 的概率损失 0 美元。

你将如何选择呢？

现在假设你的银行账户里有 1 000 美元，并且你必须在以下两种情况中作出选择：

3. 确定的收入为 500 美元；

4. 一个彩票：你有 1/2 的概率赢得 1 000 美元，有 1/2 的概率赢得 0 元。

你又将如何选择呢？

在 Kahneman 和 Tversky(1979)的实验对象中，在第一种情形下，有 69%的人更偏好彩票而不是确定的损失(即他们选择了(2))，然而在第二种情形下，有 84%的人更偏好确定获得 500 美元的收入(即他们选择了(3))。这些结果说明，大约半数以上的人显示了这样一种偏好：对

(2)的偏好大于(1)和对(3)的偏好大于(4)。若我们将奖金看作"货币变化",那么这种偏好并不与期望效用理论冲突。然而,若我们假设决策者将其最终的财富水平作为自己的奖金,问题便出现了:就最终的财富水平而言,两个选择问题其实变为:在确定性奖金为 1 500 美元和以 1/2 概率产生 2 000 美元或 1 000 美元的彩票之间进行选择。

然而,在经济学文献中,人们通常假设决策者对财富变化的偏好,来自他对"最终财富水平"的偏好。规范地,当决策者的初始财富为 w 时,将决策者对彩票的偏好记为$\succsim_w$,彩票中的奖金解释为"财富"的变化。由**结果主义说**可知,所有关系$\succsim_w$ 均来自相同的偏好关系$\succsim$,当且仅当 $w+p \succsim w+q$ 时[其中,$w+p$ 为以概率 $p(x)$ 给予奖金 $w+x$ 的彩票],有 $p \succsim_w q$,则$\succsim$为定义在"最终财富水平"上的偏好关系。若$\succsim$可以用 vNM 效用函数 u 来表示,则结果主义说意味着对于所有的 w,函数 $v_w(x)=u(w+x)$ 就是表示偏好$\succsim_w$ 的 vNM 效用函数。

8.8 财富不变性

若引致偏好关系$\succsim_w$ 独立于 w,即 $(w+L_1)\succsim(w+L_2)$ 的真伪性独立于 w,则我们称偏好关系显示出财富不变性(常被称为常**绝对风险厌恶**)。

定理

若 u 是表现偏好$\succsim$的 vNM 效用函数,且表现出单调性、风险厌恶和财富不变性。那么,u 必为指数的或线性的。

证明

令 Δ 为任意正数。当我们限定于 Δ-网格奖金空间,即 $Z=\{x \mid x=n\Delta$,对于某些整数 $n\}$ 时,可以验证出它是证明定理的充分条件。

对于任意财富水平 x,存在数值 $q \geqslant 1/2$ 使得 $(1-q)(x-\Delta) \oplus$

$q(x+\Delta)\sim x$。由财富不变性可知，q 独立于 x。因此，对于所有的 $x\in Z$，我们有 $u(x+\Delta)-u(x)=((1-q)/q)[u(x)-u(x-\Delta)]$。这意味着当 x 增加 Δ 时，函数 u 的增量就构成了一个因子为 $(1-q)/q$ 的几何序列(其中 q 或许取决于 Δ)。若 $q>1/2$，且使用几何序列的求和公式，我们可以得出结论：对于某些 a 和 b，定义在 Δ 网格上的函数 u 必定等价于 $a-b\left(\frac{1-q}{q}\right)^{\frac{x}{\Delta}}$。若 $q=1/2$，那么函数 u 就等于 $a+b\frac{x}{\Delta}$。

注意到，彩票[0]与含有 Δ 收益和损失的简单彩票之间的对比，足以描述出一个与如下特征相一致的独特偏好关系：(i)结果主义说，(ii)关于对财富变化上的偏好与初始财富无关的假设；(iii)关于奖金是最终财富水平的彩票空间的预期效用假设。一些研究者已试图通过使用以下问题的假设来进行实验，期望揭示出决策者的偏好："当 q 为多少时，你会认为'以概率 q 获得 \$$\Delta$ 的收入'与'以概率 $1-q$ 遭受 \$$\Delta$ 的损失'是无差异的?"研究结果各不相同。此外，向人们提供此类问题的不同表述，可能会产生不一致的回答。

假设函数 u 是可微的，我们可以通过另一种方法来证明此定理：对于某些随机固定概率 $p\in(0,1)$，我们可以研究受限于 $(x_1,x_2)=px_1\oplus(1-p)x_2$ 类型的彩票空间上的偏好，来证明它。将穿过点 (t,t) 的无差异曲线记为 $x_2=\psi_t(x_1)$。因此有 $[t]\sim px_1\oplus(1-p)\psi_t(x_1)$。因为 $\succsim$ 表现出常绝对风险厌恶，则必定有 $[0]\sim p(x_1-t)\oplus(1-p)(\psi_t(x_1)-t)$，且因此有 $\psi_0(x_1-t)=\psi_t(x_1)-t$ 或 $\psi_t(x_1)=\psi_0(x_1-t)+t$。换言之，经过 (t,t) 的无差异曲线是经过 $(0,0)$ 的无差异曲线在 (t,t) 方向上平移所得。

由上我们可以得出：$\psi_t''(t)=\psi_0''(0)$。我们已经证明了 $\psi_t''(t)=-[p/(1-p)^2][u_i''(t)/u_i'(t)]$，且因此存在一个常数 α，使得对于所有的 t，有 $-u''(t)/u'(t)=\alpha$。这意味着，对于所有的 t 有 $[\log u'(t)]'=-\alpha$，对于某些 β，有 $\log u'(t)=e^{-\alpha t+\beta}$。可得 $u'(t)=e^{-\alpha+\beta}$。若 $\alpha=0$，函数 $u(t)$ 必为线性的(即风险中立)。若 $\alpha\neq 0$，则 u 为函数 $-e^{-\alpha t}$(其中 $\alpha>0$)的仿射变换。

8.9 对结果主义说的批评

考虑一个风险厌恶的决策者，他喜欢货币，并且遵循期望效用理论和结果主义说。Rabin(2000)注意到，如果一个这样的决策者在财富水平位于 0 美元与 5 000 美元之间时(一个相当合理的假设)，拒绝了彩票 $L=1/2(-10)\oplus 1/2(+11)$，那么在 4 000 美元的财富水平上，他必定会拒绝彩票 $1/2(-100)\oplus 1/2(+71\,000)$(一个非常荒谬的结论)。

这一观察的直觉是非常简单的。因为 L 在 $w+10$ 处被拒绝，那么我们有 $u(w+10)\geqslant[u(w+21)+u(w)]/2$。因此有 $u(w+10)-u(w)\geqslant u(w+21)-u(w+10)$ 或者 $\frac{10}{11}\left[\frac{u(w+10)-u(w)}{10}\right]\geqslant\frac{u(w+21)-u(w+10)}{11}$。

由 u 的凹性可知，上述方程的右侧至少等于 $w+21$ 处的边际效用，而方程左侧仅有 w 处边际效用的 10/11。因此，$w+21$ 处的边际效用至多为 w 处边际效用的 10/11。

因此，在 L 被拒绝的财富水平域内的连续效用序列，至少以几何速率下降。这便意味着，即使在相对较小的 D 上，要使彩票 $L=1/2(-D)\oplus 1/2(+G)$ 被接受，人们也需要一个很大的 G。

从这个观察中，我们能得出什么结论呢？在我看来，与某些学者的断言相反，这个观察并不能否定期望效用理论。Rabin 的观点依赖于结果主义说，而该学说其并不属于期望效用理论。期望效用理论不随奖金的解释而变化。与我们所使用的不确定性环境下的决策理论无关的是，奖金集应该是决策者心中的结果集。因此，假设结果是“财富变化”或者“最终财富水平”也就同样合理了。

当决策者按照结果主义说来进行所有的决策(其心中在最终结果的相同集合上有一个偏好关系)时，我认为 Rabin 的观点是该学说经验问题本质的一个进一步证据。它也表明了，当我们试图评估现实经济人的效用函数时，应该非常谨慎。若我们将经济人在微小彩票上的风险厌恶参数用于描述决策者在具有更大总和的彩票上的偏好时，这样的做法可能会导致误导性的结论。

▶ 参考文献

风险厌恶的度量，取自 Arrow(1970)和 Pratt(1964)。本讲中所讨论的心理学文献可参见 Kahneman 和 Tversky(1979)与 Kahneman 和 Tversky(2000)。

圣彼得堡悖论由 Daniel Bernoulli 在 1738 年提出[见 Bernoulli(1954)]。随机占优的概念由 Rothschild 和 Stiglitz(1970)引入经济学文献。Rabin 的观点基于 Rabin(2000)。

习题集 8

习题 1(标准题)

a. 证明:对于所有的向量$(x_1,\cdots,x_k)$使得$x_k>0$,对于所有的k,当且仅当对于所有的k有$a_k\geqslant 0$,数列$(a_1,\cdots,a_k)$满足$\sum a_k x_k\geqslant 0$。

b. 证明:对于所有的向量$(x_1,\cdots,x_k)$使得$x_1>x_2>\cdots>x_k>x_{k+1}=0$,当且仅当对于所有的$l$,有$\sum_{k=1}^{l}a_k\geqslant 0$,数列$(a_1,\cdots,a_k)$满足$\sum a_k x_k\geqslant 0$。

习题 2[标准题,基于 Rothschild 和 Stiglitz(1970)]

若对于所有的偏好$\succsim$满足 vNM 假设、单调性和风险厌恶,有$p\succsim q$,则我们称p二阶随机占优于q,并记为pD_2q。

a. 解释为什么由pD_1q可以推出pD_2q。

b. 令p和ε为彩票。定义$p+\varepsilon$为以概率$\sum_{\alpha+\beta=t}p(\alpha)\varepsilon(\beta)$产生奖金$t$的彩票。解释$p+\varepsilon$。证明:若$\varepsilon$是期望为0的彩票,那么对于所有的$p$,有$pD_2(p+\varepsilon)$。

c. (更有难度)证明:对于所有的$t<K$,当且仅当$\sum_{k=0}^{t}[G(p,x_{k+1})-G(q,x_{k+1})][x_{k+1}-x_k]\geqslant 0$,其中$x_0<\cdots<x_K$是$p$或$q$的支集中的所有奖金,且$G(p,x)=\sum_{z\geqslant x}p(z)$时,有$pD_2q$。

习题 3[标准题,基于 Slovic 和 Lichtenstein(1968)]

考虑一种被称为"偏好逆转"(preference reversal)的现象。令 $L_1 = 8/9[\$4] \oplus 1/9[\$0]$ 和 $L_2 = 1/9[\$40] \oplus 8/9[\$0]$。

讨论这样一种现象:较 L_2 而言,很多人更偏向于 L_1,但是当问及评价这两个彩票的确定性等价时,他们给 L_1 赋予的数值小于 L_2。

习题 4(标准题)

考虑一个消费者在由 K 个不确定资产组成的 K 元组上的偏好。记第 k 个资产的随机收益为 Z_k。假设随机变量 $(Z_1, \cdots, Z_K)$ 相互独立,且以概率 1 取正值。若消费者购买资产组合 $(x_1, \cdots, x_K)$,且所能实现的收益向量为 $(z_1, \cdots, z_K)$,则消费者的总财富为 $\sum_{k=1}^{K} x_k z_k$。假设消费者满足 vNM 假设,也即,存在函数 v(在他的总收益上)使得他最大化 v 的期望值。假设 v 为递增的凹函数。消费者在彩票空间上的偏好便引致了投资空间上的偏好。证明:引致偏好是单调的,且是凸的。

习题 5[标准题,基于 Rubinstein(2002)]

亚当住在伊甸园里,且只吃苹果。花园中的时间是离散的($t = 1, 2, \cdots$),且被吃的苹果也是离散。亚当在苹果消费量的集合上拥有偏好。假设:

a. 亚当每天最多吃 2 个苹果,且不能一天吃 3 个苹果。

b. 亚当缺乏耐心。他宁愿在第 t 天时,将自己的对苹果的消费量从 0 增加到 1,或者从 1 增加到 2,也不愿得到第二天增加 1 个苹果消费的承诺。

c. 当他没有苹果可以吃的时候,相比于第二天得到 2 个苹果,他更偏好于立马得到 1 个苹果。

d. 亚当期望自己能活到 120 岁。

证明:若(可怜的)的亚当从第四天起到他的期望寿命为止,他每天可以得到一个 2 苹果的消费流,那么他愿意以此提议来交换立即得到 1 个苹果。

习题 6[难度适中,基于 Yaari(1987)]

在该问题中,你将遇到 Quiggin 和 Yaari 的思想,它是期望效用理论中最主要的备选理论之一。

回忆一下,期望效用可以写为:$U(p)=\sum_{k=1}^{K}p(z_k)u(z_k)$,其中 $z_0 < z_1 < \cdots < z_K$ 是 p 中的支集。令 $W(p)=\sum_{k=1}^{K}f(G_P(z_k))[z_k - z_{k-1}]$,其中 $f:[0, 1]\rightarrow[0, 1]$ 是连续的增函数,且 $G_P(z_K)=\sum_{j\geqslant k}p(z_j)$。($p(z)$为彩票 p 产生 z 的概率,且 G_p 为 p 的"反分布"函数。)

a. 文献中通常将 W 视为对偶期望效用算子。在何种意义上 W 是 U 的对偶?

b. 证明:由 W 引致的 $L(z)$上的偏好关系或许不满足独立性公理。

c. 构造 $\sum_z f(p(z))u(z)$ 类型的函数形式有什么困难?[见 Handa(1977)。]

习题 7(两信封悖论)

假设数值 Z^n 以概率 $2^n/3^{n+1}$ 被选中,并将金额为 2^n 和 2^{n+1} 的钱放入两个信封。随机选中的一个信封给你,而另一个信封给你的朋友。请验证:无论你的信封中的钱的数量是多少,你朋友信封中钱的期望数量更大。因此,即使没有打开信封,你与他交换信封是值得的!你如何看待该悖论的结论?

▶第 9 讲

社会选择

9.1 偏好关系的加总

当理性的决策者构建了一个偏好关系时，它通常基于更原始的关系。譬如，对个人电脑（PC）的选择取决于对以下因素的考虑："内存大小""PC 杂志的排名""价格"。每一个考虑项都表示了对 PC 集合上的一个偏好关系。在本讲中，我们将研究基于更原始的偏好关系，在构建偏好的过程中出现的某些逻辑特性和问题。

尽管偏好关系的加总可以在单一个体的决策环境进行考虑，但是，偏好加总的经典讨论环境却是"社会选择"，其中，"人的意志"被认为是社会成员所拥有的偏好关系的加总。

社会选择理论的基础是"投票悖论"（paradox of voting）。令 $X=\{a, b, c\}$ 为备择项集。考虑一个由三人构成的社会，分别为：1，2，3。他们对 X 的排序分别为：$a \succ_1 b \succ_1 c$，$b \succ_2 c \succ_2 a$ 和 $c \succ_3 a \succ_3 b$。基于个人偏好关系进行集体决策的一个自然标准就是**多数人原则**。根据多数人原则，有 $a \succ b$，$b \succ c$ 和 $c \succ a$，这便违背了社会选择的传递性。注意到，尽管多数人原则并不对所有的个人偏好关系组合都引致产生一个具传递性的社会关系，但是，若我们只限于讨论一个更小的组合区域时，传递性是可以得到保证的（见本习题集中的习题 3）。

经济学对社会选择的兴趣，是由于认识到偏好关系加总的明确方式对于研究**福利经济学**至关重要。社会选择理论也与**投票系统**的设计相关，投票制是基于个人偏好来确定社会行动的方法。

9.2 基本模型

社会选择的基本模型包含如下内容：

● X：社会**备择项**的集合。

● N：**个人**的有限集(记 N 中的元素个数为 n)。

● $\succ_i$：个人 i 在 X 上的序(序是不具无差异的偏好，即不存在这样的 $x(\neq y)$，使得 $x \sim_i y$)。

● **组合**：序的 n 元组($\succ_1, \cdots, \succ_n$)解释为某种"社会状态"。

● **社会福利函数**(social welfare function，SWF)：该函数给每一个组合赋予一个(社会的)偏好关系(未必是序)。

注意到：

1. 关于社会福利函数(SWF)的定义域仅包含严格偏好的假设，只是为了表述的方便。

2. 一个 SWF 将一个偏好关系与**每一个**可能的组合匹配了起来，但是，却不只是与一个组合相联系。

3. SWF 被要求产生一个完备的偏好关系。另一个概念，称为社会选择函数，该函数将一个社会备择项(解释为社会选择)与每一个偏好关系的组合匹配了起来。

4. 一个 SWF 仅加总序数偏好关系。这个框架不允许我们作出与生活相关的陈述来决定社会偏好，如"因为经济人 1 对 b 的偏好大于 a，但是经济人 2 对 a 偏好于 b 的程度更大，所以，社会对 a 的偏好大于 b"。

5. 在该模型中，我们不能表述这样的想法："社会的偏好，就是我的偏好。"

6. X 中的元素为社会备择项。因此，个人的偏好可能会考虑公平性，并且关心其他人的福利情况。

例

我们现在考虑加总过程的一些例子。

1. 对某些偏好关系 $\succsim^*$，有 $F(\succ_1, \cdots, \succ_n) = \succsim^*$。（这是一个退化的 SWF，因为它并没有考虑个人的偏好。）

2. 若大多数人对 x 的偏好大于 z，则定义为 $x \rightarrow z$。按照他们所获得的“成功”数来对这些备择项排序，即，若 $|\{z \mid x \rightarrow z\}| \geqslant |\{z \mid y \rightarrow z\}|$，则称 x 社会偏好于 y。

3. 对于 $X = \{a, b\}$，除非有 2/3 的人对 b 的偏好大于 a，否则有 $a \succsim b$。

4. **“反独裁”**(anti-dictator)：存在个人 i，当且仅当 $y \succ_i x$ 时，有 x 偏好于 y。

5. 定义 $d(\succ; \succ_1, \cdots, \succ_n)$ 为 $x \succ_i y$ 和 $y \succ x$ 时 (x, y, i) 的数量。函数 d 可以解释为偏好关系$\succ$与个人的这 n 个偏好关系之间距离的总和。选择 $F(\succ_1, \cdots, \succ_n)$ 为最小化 $d(\succ; \succ_1, \cdots, \succ_n)$ 的序（其平衡可任意打破）。

6. 令 $F(\succ_1, \cdots, \succ_n)$ 为$(\succ_1, \cdots, \succ_n)$中最常见的序（其平衡可由某种预先确定的方式打破）。

9.3 公理

再一次地使用公理化的方法。我们给出社会福利函数上的公理集（希望这是合理的），并研究它们的含义。

令 F 为一个 SWF。我们通常用$\succsim$表示 $F(\succ_1, \cdots, \succ_n)$ 的缩写。

帕累托条件(Par)

对于所有的 $x, y \in X$，且对于每一个组合 $(\succ_i)_{i \in N}$，若对于所有的 i，有 $x \succ_i y$，则有 $x \succ y$。

帕累托公理要求，若所有个人都更偏好于一个备择项而不是另一个，则社会的偏好便与个人的偏好相同。

IIA 条件(independence of irrelevant alternatives,无关备择项独立性条件)

对于任何一对 $x, y \in X$ 和任何两个组合 $(\succ_i)_{i\in N}$ 和 $(\succ'_i)_{i\in N}$,若对于所有的 i,当且仅当 $x \succ'_i y$ 时,有 $x \succ_i y$,那么当且仅当 $x \succsim' y$ 时,有 $x \succsim y$。

IIA 条件要求:若两个组合对两个特定的备择项的相对排序是一致的,则附加于这两个组合社会偏好对其排序也是一致的。

注意到 IIA 条件允许一个 SWF 在比较 a 和 b 的时候采用一个标准,而在比较 c 和 d 的时候采用另一个标准。譬如,a 和 b 之间的简单社会偏好可按照多数人原则来决定,而在比较 c 和 d 的时候则要求采用 2/3 多数原则。

9.4 阿罗不可能定理

若 $|X| \geqslant 3$,那么满足条件 Par 和 IIA 的任何一个 SWF 都是独裁的,即存在某个 i^* 使得 $F(\succ_1, \cdots, \succ_n) \equiv \succ_{i^*}$。

这个定理基于四个假设:Par、IIA、(社会偏好的)传递性和 $|X| \geqslant 3$。在给出这几个假设的证明之前,我们先来说明这些假设是独立的。即对于四个假设中的每一个假设,我们给出一个非独裁的 SWF 例子,说明若某个假设被遗漏了,定理便不成立。

- **条件 Par**:反独裁的 SWF 满足 IIA,但是不满足条件 Par。
- IIA:考虑博尔达规则(Borda rule):令 $w(1) > w(2) > \cdots > w(|X|)$ 为权重的固定组合。若 x 在$\succ_i$ 中的第 k 个位置出现时,我们称 i 给 x 赋值为 $w(k)$。将 n 个人对 x 所赋定的权重总和分配给 x,并按照这些总和来对备择项进行排序。博尔达规则是一个满足条件 Par 但不满足 IIA 的 SWF。
- **社会序关系的传递性**:多数人规则满足所有的假设,但是仍能推出一个不具传递性的关系。
- $|X| \geqslant 3$:对于 $|X| = 2$,多数人规则满足条件 Par 和 IIA,也可

以推出一个(常见的)传递关系。

9.5 阿罗不可能定理的证明

令 F 为一个满足条件 Par 和 IIA 的 SWF。因此在下文中,我们将用$\succsim$代替 $F(P)$,用 $\succsim'$ 代替 $F(P')$。

步骤 1

令 b 为一个备择项,m 为 1 和 n 之间的整数。考虑这样一个组合:$P=(\succ_1,\cdots,\succ_n)$,使得对于所有的 $i\leqslant m$,根据$\succ_i$,b 为最优备择项,而对于其他成员 b 为最差的备择项。那么 b 对$\succsim$而言,或者是唯一最优的备择项,或者是唯一最差的备择项。

证明

若上述结论非真,则存在另外两个不同的备择项 a 和 c,使得 $a\succsim b\succsim c$。考虑 P'(对 P 的修正),它使得对于每一个人,P 中 c 位于 a 下方,它会"跳跃"至P'中以使得刚好超过a(且因此,对于 $i\leqslant m$,c 仍位于 b 的下方)。由条件 Par 可得 $c\succ' a$。因为个人对 a 和b 与b 和c 的相对排序在 P 和P'中一样,则由 IIA,可得 $a\succsim' b\succsim' c$,与题设矛盾。

步骤 2

考虑一个组合 P^0,其中 b 位于所有个人排序的底端。由条件 Par 可知,b 也位于 $F(P^0)$ 的底端。令 P^m 为一个修正后的组合,其中对于所有的 $i\leqslant m$,备择项 b 上升至排序的顶端。由条件 Par 可知,b 也位于 $F(P^n)$的顶端,且必定存在某个 m^*,使得 b 位于 $F(P^{m^*-1})$ 的底端且位于 $F(P^{m^*})$ 的顶端。由 IIA,可知,m^* 的确定与 P 中不包含b 的任意两个备择项的排序无关。

步骤 3

令 a 和 c 是两个不为 b 的备择项。若 P 为一个组合，其中 $a \succ_{m^*} c$，则有 $a \succ c$。

证明

令 P' 为 P 的一个修正，其中，对于所有的 $i \leqslant m^*$，备择项 b 移动至顶端；对于 m^* 它移动至 a 与 c 之间；对于 $i > m^*$，它移动至底端。那么组合 P' 与对 a 和 b 相关联的方式与 P^{m^*-1} 和其相关联的方式一样。P' 与对 b 和 c 相关联的方式与在 P^{m^*} 中一样，因此有 $b \succ' c$。同样有 $a \succ' c$，且由 IIA，有 $a \succ c$。

步骤 4

令 a 是不为 b 的备择项。若 P 为一个组合，其中 $a \succ_{m^*} b$（或 $b \succ_{m^*} a$），则有 $a \succ b$（$b \succ a$）。

证明

令 c 为第三个备择项。令 P' 为 P 的一个修正，使得 c 移动至除 m^* 外所有排序的顶端，在 m^* 中它移动至 a 与 b 之间。那么，由步骤 3 可知有 $a \succ' c$，且由条件 Par，可得 $c \succ' b$。因此有 $a \succ' b$，且由 IIA 也有 $a \succ b$。

9.6 相关问题

阿罗不可能定理是浩瀚文献的起点。我们给出三个其他的不可能结果：

1. **单调性**是另一个在文献中得到广泛讨论的公理。考虑组合中的一个“变化”:起初个人 i 将备择项 a 排在 b 之后,但现在其将 a 排到了 b 之前。单调性要求:不存在备择项 c 使得这种变化恶化了 a 与 c 的排序。Muller 和 Saterthwaite(1977)的定理说明了:满足条件 Par 和单调性的唯一 SWF 是独裁的。

2. SWF 为每一个组合确定了偏好关系。社会选择函数为每个组合赋予了一个备择项。在这个框架中被证明的最引人注目的定理是 Gibbard-Satterthwaite 定理。它指出,任何社会选择函数 C 满足下述条件,“个人歪曲自己的偏好是不值得的”,即“永远不存在 $C(\succ_1, \cdots, \succ'_i, \cdots, \succ_n) \succ_i C(\succ_1, \cdots, \succ_i, \cdots, \succ_n)$”,则 C 是独裁的。

3. 另一个相关概念如下:

令函数 $Ch(\succ_1, \cdots, \succ_n)$ 将一个选择函数赋定给 X 上的每一个序关系组合。若对于每个 $(\succ_1, \cdots, \succ_n)$,且对于任意 $x, y \in A$,若对于所有的 i,有 $y \succ_i x$,则我们称 Ch 满足**全体一致性**,则有 $x \neq Ch(\succ_1, \cdots, \succ_n)(A)$。

若对每个组合及对每个选择集 A,下述的两种“方法”都导致相同的结果,则称 Ch 具有**程序不变性**:

a. 将 A 分解为两个集合 A' 和 A''。从 A' 和 A'' 中各选一个元素,然后再在这两个元素中选出一个。

b. 从未分解的集合 A 中选择一个元素。

Dutta, Jackson 和 Le Breton(2001)说明了:只有独裁性的函数才同时满足全体一致性和程序不变性。

▶ 参考文献

本讲主要侧重于介绍阿罗不可能定理,它是经济学中最著名的结论之一,它是 Arrow 在其博士论文中证明的,并于 1951 年出版(见 Arrow(1963)经典著作)。社会选择理论由 Sen(1970)美妙地引入。阿罗不可能定理有许多证明,这里给出的证明方法来源于 Geanakopolos(2005)。Reny(2001)给出了另一种基础证明,它说明了阿罗定理和 Gibbard-Satterthwaite 定理之间具有极强的逻辑联系。习题 5 是另一种方法的基础[见 Kelly(1988)]。

习题集 9

习题 1(难度适中,基于 May(1952))

假设社会备择项集合 X 仅包含两个备择项。定义社会福利函数为给每个偏好赋予任一偏好组合的函数(允许 SWF 和个人偏好关系之间存在无差异关系)。考虑如下定理:

● **匿名性定理**。若 σ 为 N 的数列,且若 $p=\{\succsim_i\}_{i\in N}$ 和 $p'=\{\succsim'_i\}_{i\in N}$ 为 X 上的两个偏好组合,使得 $\succsim'_{\sigma(i)}=\succsim_i$,则有 $\succsim(p)=\succsim(p')$。

● **中立性**。对于任意偏好$\succsim_i$,当且仅当 $y\succsim_i x$ 时,定义 $(-\succsim_i)$ 为满足 $x(-\succsim_i)y$ 的偏好。因此有 $\succsim(\{-\succsim_i\}_{i\in N})=-\succsim(\{-\succsim_i\}_{i\in N})$。

● **正反应性**。若组合 $\{\succsim'_i\}_{i\in N}$ 与 $\{\succsim_i\}_{i\in N}$ 完全相同的,除了以下情况:对于个人 j,或者有 $(x\sim_j y$ 和 $x\succ'_j y)$,或者有 $(y\succ_j x$ 和 $x\succ'_j y)$,且若 $x\succsim y$,则有 $x\succ' y$。

a. 解释以上公理。

b. 证明:多数人原则满足上述所有公理。

c. 证明 May(1952)中的定理,证明方法是:多数人原则是唯一的满足上述公理的 SWF。

d. 上述三个公理是独立的吗?

习题 2(标准题)

假设备择项集 X 是区间 $[0,1]$,且假设每个人的偏好是**单峰**的,即

对于每个 i，存在备择项 a_i^*，使得若有 $a_i^* \geqslant b > c$ 或 $c > b \geqslant a_i^*$，则有 $b \succ_i c$。

证明：对于任意奇数 n，若我们将偏好的定义域限定为单峰偏好，则多数人原则可以推出一个“表现良好”的 SWF。

习题 3(难度适中)

N 个人每人从集合 X 中选择一个物体，解释为他对社会行为的建议。我们感兴趣的是将个人建议(注意不是偏好，仅仅是建议)加总形成社会决策的函数(即 $F: X^N \to X$)。

讨论下述公理：

- Par：若所有的个人都建议 x^*，那么社会将选择 x^*。
- I：若相同的个人在两个建议组合中支持备择项 $x \in X$，则当且仅当 x 在一个组合中被选中时，它才会在另一个组合中被选中。

a. 证明：若 X 至少包含三个元素，那么唯一的满足条件 P 和 I 的加总方法具有独裁性。

b. 证明：条件 P、I 和 $|X| \geqslant 3$ 这三个条件是此结论的必要条件。

习题 4(难度适中)

阿罗定理的一些证明方法使用了决定性联合和几乎决定性联合的概念。

给定 SWF，我们称：

- 若[对于所有的 $i \in G$，有 $x \succ_i y$]意味着[$x \succ y$]，则称联合 G 对 x 和 y 是决定性的(decisive)。
- 若[对于所有的 $i \in G$，有 $x \succ_i y$，且对于所有的 $j \notin G$，有 $y \succ_j x$]意味着[$x \succ y$]，则称联合 G 是几乎决定性的(almost decisive)。

注意到若联合 G 对 x 和 y 是决定性的，那么它同样对 x 和 y 是几乎决定性的，因为“几乎决定性”仅指组合的子集，其中，G 中的所有元素，都有 x 偏好于 y，而 $N-G$ 中的所有元素，都有 y 偏好于 x。

若联合 G 对所有的 x，y 是决定性的，则它是决定性的。

令 F 为满足条件 Par 和 IIA 的一个 SWF。

a. 证明:“域扩展引理”:若 G 对于 x, y 是几乎决定性的,那么 G 对 x, z 和 y, z 都是决定性的。

b. 验证结论:若 G 对 x, y 是几乎决定性的,那么 G 是决定性的。

c. 证明:“群收缩引理”:若 G 是决定性的,且 $|G| \geqslant 2$,那么存在 $G' \subset G$,使得 G'是决定性的。

d. 证明:存在个人 i^* 使得$\{i^*\}$是决定性的。

习题 5(难度适中,基于 Kasher 和 Rubinstein(1997))

谁是经济学家?经济系经常会在这个问题上产生尖锐的分歧。调查决定谁是经济学家的方法,被视为汇总了部门成员对这个问题的看法。

令 $N = \{1, \cdots, n\}$ 为多个个体组成的群体($n \geqslant 3$)。每个 $i \in N$“提交”一个集合 E_i,其是 N 的非空真子集,在个人看来,它被解释为“真实经济学家”的集合。加总方法 F 是一个函数,它将 N 的一个非空真子集赋给 N 的真子集的每一个组合 $(E_i)_{i=1, \cdots, n}$。$F(E_1, \cdots, E_n)$ 解释为 N 的所有元素所组成的集合,这些元素被个人组成的群体认为是经济学家。(注意,我们要求;所有的看法都是 N 的真子集。)

考虑下述关于 F 的公理:

● **一致同意性**:若对于所有的 $i \in N$,有 $j \in E_i$,那么有 $j \in F(E_1, \cdots, E_n)$,且若对于所有的 $i \in N$,有 $j \notin E_i$,则有 $j \notin F(E_1, \cdots, E_n)$。

● **独立性**:若 $(E_1, \cdots, E_L)$ 和 $(G_1, \cdots, G_n)$ 是两个“观点的组合”,使得对于所有的 $i \in N$,[当且仅当 $j \in G_i$ 时,有 $j \in E_i$],则[当且仅当 $j \in F(G_1, \cdots, G_n)$ 时,有 $j \in F(E_1, \cdots, E_n)$]。

a. 解释上述两个公理。

b. 找到一种满足一致同意性但不满足独立性的加总方法;并找到一种满足独立性但不满足一致同意性的加总方法。

c. (难)给出一个与阿罗不可能定理相似的证明,说明:满足上述两个公理的唯一加总方法,就是下述的方法:存在一个成员 i^*,使得 $F(E_1, \cdots, E_n) \equiv E_{i^*}$。

复习题

以下是基于我在特拉维夫大学、普林斯顿大学和纽约大学给出的考试题的汇总。

A. 选择

习题 A1（普林斯顿大学，2000；基于 Fishburn 和 Rubinstein (1982)）

令 $X=\mathbb{R}^{+}\times\{0, 1, 2, \cdots\}$，其中 (x, t) 解释为在时刻 t 得到 x 美元。在 X 上的偏好关系具有如下的性质：

- “在 0 时刻得到 0 美元”与“在其他时候得到 0 美元”，两者无差异。
- 对于任意正的货币，最好是越早越好拿到手越好。
- 货币是合意的。
- (x, t) 和 $(y, t+1)$ 之间的偏好与 t 无关。
- 连续性。

1. 规范地定义本题情形下的连续性假设。

2. 证明：偏好关系有一个效用表示。

3. 验证：由效用函数 $u(x)\delta^{t}$（$\delta<1$ 且 u 连续递增，且 $u(0)=0$）表示的偏好关系满足上述性质。

4. 对“一种偏好关系比另一种偏好关系更缺乏耐心”这样的概念进

行形式化。

5. 讨论下面的断言：当且仅当 $\delta_1 < \delta_2$，由 $u_1(x)\delta_1^t$ 表示的偏好比由 $u_2(x)\delta_2^t$ 表示的偏好更缺乏耐心。

习题 A2（特拉维夫大学，2003；基于 Gilboa 和 Schmeidler(1995)）

一个经济人必须决定是否做某件事情(Y)还是不做某件事情(N)。

历史是过去事件结果的序列，其中，这个经济人选择了 Y；每个结果或者是成功 S，或者是失败 F。譬如，(S, S, F, F, S)是人们采取了行动的五个事件的历史。其中两个事件（事件 3 和 4）的结果是失败，而其余的为成功。

决策规则 D 是一个函数，它将决策 Y 或者 N 赋给每个可能的历史。

考虑决策规则的下述性质：

$A1$　在每个仅包含成功的历史出现后，决策规则将给出 Y；在每个仅包含失败的历史出现后，决策规则将给出 N。

$A2$　若决策规则在某些历史出现后给出了一个确定的行动，那么在由第一个历史重新排列其元素产生的任意历史中，该决策规则仍然会给出相同的行动。譬如 $D(S, F, S, F, S)=D(S, S, F, F, S)$。

$A3$　若有 $D(h) = D(h')$，那么对于 h 和 h'的串联，决策结果仍是它。[提示：$h = (F, S)$ 和 $h' = (S, S, F)$ 串联的结果是 (F, S, S, S, F)。]

1. 对于每一个 $i=1, 2, 3$，给出一个决策规则的例子，它不满足性质 A_i，但不满足其他两条性质。

2. 给出一个满足上述三条性质的决策规则的例子。

3. (难)描述出满足上述三条性质的决策规则。

习题 A3（纽约大学，2005）

令 X 为至少包含三个元素的有限集。令 C 为一个选择对应。考虑如下的公理：

若 $A, B \subseteq X, B \subseteq A$，且有 $C(A) \cap B \neq \varnothing$，
则有 $C(B) = C(A) \cap B$

1. 证明：该公理等价于"偏好关系$\succsim$的存在性使得 $C(A) = \{x \in A \mid x \succsim a$，对于所有的 $a \in A\}$"。

2. 考虑一个弱公理：

若 $A, B \subseteq X, B \subseteq A$，且有 $C(A) \cap B \neq \varnothing$，
则有 $C(B) \subseteq C(A) \cap B$

该公理能作为证明上述等价关系的充分条件吗？

习题 A4（纽约大学，2007；基于 Plott(1973)）

令 X 为一个集合，且 C 为定义在该集合所有非空子集上的一个选择对应。若对于每两个不相交的集合 A 和 B，有 $C(A \cup B) = C(C(A) \cup C(B))$，则我们称 C 满足路径独立性(PI)。若对于每个 $y \in A$，有 $x \in A$ 和 $x \in C(\{x, y\})$，意味着对于所有集合 A，有 $x \in C(A)$，则我们称 C 满足扩展(E)。

1. 解释 PI 和 E。

2. 证明：若 C 同时满足 PI 和 E，那么存在一个完备的自反的二元关系$\succsim$满足 $x \succ y$，且有 $y \succ z$ 意味着 $x \succ z$，使得 $C(A) = \{x \in A \mid$ 不存在 $y \in A$ 使得 $y \succ x\}$

3. 举出一个选择对应的例子，它满足 PI 但不满足 E；再举出一个满足 E 但不满足 PI 的例子。

习题 A5（纽约大学，2008；基于 Eliaz，Richter 和 Rubinstein (2011)）

令 X 为一个（有限）备择项集。给定任一选择问题 A（其中 $|A| \geq 2$），决策者选择一个含两个备择项的集合 $D(A) \subseteq A$，因为他希望在作出决策前更仔细地检查一遍。

D 的两个性质如下所述：

$A1$：若 $a \in D(A)$，$a \in B \subset A$，则有 $a \in D(B)$。

$A2$：若 $D(A)=\{x, y\}$，且对于某个不同于 x 和 y 的某个 a，有 $a \in D(A-\{x\})$，则有 $a \in D(A-\{Y\})$。

完成下面四道练习。仅最后一道习题需要完整的证明过程。

1. 给出一个同时满足 $A1$ 和 $A2$ 的函数 D 的例子。

2. 给出一个满足 $A1$ 但不满足 $A2$ 的函数 D。

3. 给出一个满足 $A2$ 但不满足 $A1$ 的函数 D。

4. 证明：对于任意同时满足 $A1$ 和 $A2$ 的函数 D，存在 X 中元素的一个序 $>$ 使得 $D(A)$ 为 A 中两个"$>$最优"元素的集合。

习题 A6（特拉维夫大学，2009；由 Mandler，Manzini 和 Mariotti (2010)启发而得）

考虑一个决策者使用如下的过程，从一个有限集 X 的子集中选择一个备择项：

按照一个固定的属性列表（一个清单），他每次只检验一个属性，并从列表中剔除不满足该属性的所有备择项。当仅剩下一个备择项时，他就选择它。

1. 证明：若该过程可以产生一个选择函数，则它与理性人模型是一致的。

2. 证明：任意理性决策者可以描述为好像他按照上述过程来作决策。

习题 A7（特拉维夫大学，2010）

决策者在$\mathbb{R}^n_+$上有一个偏好关系。向量 (x_1, x_2) 解释为一个收入组合，其中 x_i 为决策者在时刻 i 收到的货币数量。令 P 为满足如下条件的所有偏好关系的集合：

(i) 对 x_1 和 x_2 具有强单调性(SM)。

(ii) 当前偏好(PP)：对于所有的 $\varepsilon>0$，有 $(x_1+\varepsilon, x_2+\varepsilon) \succsim (x_1, x_2)$。

若对于所有的 $\succsim \in P$，有 $(x_1, x_2) \succsim (y_1, y_2)$

1. 解释关系 D。它是一个偏好关系吗？

2. (1, 4)D(3, 3) 是正确的吗?(3, 3)D(1, 4) 呢?

3. 找出并证明如下类型的命题:当且仅当[对 (x_1, x_2) 和 (y_1, y_2) 施加一个条件],有 $(x_1, x_2)D(y_1, y_2)$。

习题 A8(纽约大学,2011)

令 X 为一个有限备择项集。

类型 1 的一个决策者使用如下的选择过程。他心中有一个"满意备择项"的子集。当他从集合 A 中作选择时,(i)若集合 A 中的元素均是满意的,则他乐于选择出现在心中的任意满意备择项;且(ii)若不存在满意的备择项,他也乐于选择任意非满意的备择项。

类型 2 的决策者心中有一个严格的序集合。当他从集合 A 中选择时,他乐于选择 A 中至少在一个排序中最大的任意备择项。

1. 用选择对应规范定义这两种类型的决策者。

2. 证明:类型 1 的任意决策者也可描述为类型 2 的决策者。

3. 证明:存在一个类型 2 的决策者不能描述为类型 1 的决策者。

习题 A9(特拉维夫大学,2012;基于 Clippel(2011))

考虑一个决策者(DM),他心中在有限集 X 上有两个序。第一个序 $\succ_L$ 表示他的长期目标;第二个序 $\succ_S$ 表示他的短期目标。

当从集合 $A \subseteq X$ 中选择时,DM 根据他的长期偏好选择最优的备择项,除非根据他的短期偏好,有"太多"的备择项优于这个备择项。更确切地说,给定选择问题 $A \subseteq X$,他将根据自己的短期偏好剔除所有不是 A 的 k 个最优备择项中的元素,并在剩下的备择项中,根据 $\succ_L$ 选择出最优的。

1. 证明:上述描述总能定义一个选择函数。

2. 证明:可能出现的情况是:从 A 和 B 中选择的备择项可能相同,但是从 $A \cup B$ 和 $A \cap B$ 中选择的不可能相同。

3. 给出结论:这种类型的行为违背了理性人范式。

令 N 为按照上述过程行事的个体的集合,其中 $k=2$。所有个人有着相同的长期目标,但是各自的短期目标可能不同。

考虑这样一种情形：N 个人必须一起从集合 X 中选择一个备择项（仅选一个），且对于每一个备择项 $x \in X$，存在一个个体 $r(x)$ 有权利强制选择 x。若没有人想强制选择自己所能强制选择的备择项，则找到一个均衡的备择项 y。即对于任意个体 i，备择项 y 为个体从集合 $\{y\} \cup \{x \mid r(x)=i\}$ 中选择的备择项。

4. 证明：当个体数目大于备择项数目时，则有可能分配"强制权利"，使得无论个人的短期目标以及共同的长期目标是什么，唯一的均衡是最高 $\succ_L$ 备择项。若备择项数目超过个体数目时，该结论不一定正确，解释原因。

习题 A10（纽约大学，2013）

考虑如下的过程，它在有限集 X 的子集上产生一个选择函数 C：

决策者心中有一个在 X 上的序集 $\{\succ_i\}_{i=1,\cdots,n}$ 和一个权重的集合 $\{\alpha_i\}_{i=1,\cdots,n}$。面对选择集 $A \subseteq X$，决策者对 A 中元素按照先排 x 的方式进行排序，并加总这些序的权重，计算每个备择项 $x \in A$ 的得分，然后选择得分最高的备择项。

1. 解释为什么一个理性选择函数与该过程是一致的。

2. 举例说明该过程可以产生一个不是理性化的选择函数。

3. 证明：对于 $|X|=3$，所有的选择函数都与该过程一致。

4. 若 $x=C(A)=C(B)$，有 $x=C(A \cup B)$，则由该过程产生的选择函数 C 满足这个条件，解释为什么这个结论不具有一般正确性。

5.（难度更大）你能否找到一个非凡的性质，使得由该过程推出的选择函数满足它，而不是所有的选择函数都满足它吗？是否存在不能由该过程解释的选择函数？

习题 A11（纽约大学，2013）

一个人对数值组合进行二元比较。他真正感兴趣的是最大化 x_1+x_2 之和。当他对 (x_1, x_2) 和 (y_1, y_2) 进行比较时，若其中的一组占优于另一组，则他总是会做出正确的决策。当不存在这样的情况时，他作出错误的决策。用函数 $\alpha(G, L)$ 来描述犯错误的情况，并将其解释为，若在一个维度中的获益为 $G \geqslant 0$，则在另一个维度中的损失为 $L \geqslant 0$，那么犯错误的概率为 $\alpha(G, L)$。

1. 为函数 α 提出合理且有效的假设（如对于所有的 G 和 L，有 $\alpha(G, L) \leqslant 1/2$）。

2. 为“个体 1 比个体 2 作的决策更准确”提出一个形式化表达式。

3. 证明：根据第二问中定义的表达式，一个做决策更准确的个体在对三个二元关系（7，1），（3，10），（0，6）进行比较时产生循环的概率更小。

4. 证明：对于一个作决策更准确的个体而言，在一般化的三对组合中进行二元比较产生循环的概率不一定更小。

习题 A12（特拉维夫大学，2014）

考虑这样一个情形：全集 X 为整个平面，选择集只能是单位圆中小于 180 度的闭合弧。记 $B(\alpha, \beta)$ 为一个选择集，其中 α，β 为限定弧的两个角度，取值为 0 和 360 之间的数字。譬如，$B(0, 90)$ 表示位于正象限中的四分之一的圆。

1. 举例：举出一个不满足显示偏好弱公理的选择函数。

2. 举例：举出一个满足显示偏好弱公理但是不能够理性化的选择函数。

现在假设，选择集仅包含正象限中的弧（即定义选择集的两个角度位于 $0°$ 和 $90°$ 之间），并假设个体最大化一个单调的、连续的和严格凸的偏好关系。

3. 证明：个体的选择函数是明确定义的。

4. 解释如何从间接偏好关系（定义在选择集的参数上）确定个体的选择函数。

B. 消费者和生产者

习题 B1（特拉维夫大学，1998）

一个拥有 $w = 10$ 财富的消费者，需要在三家书店之中选择一家来购买一本书。这本书在三家书店的价格分别为 p_1, p_2, p_3。所有价格在相对程度上都小于 w。消费者采取以下的策略：他首先比较第一家和第二家书店的价格，若第一家书店的价格小于第二家，他就会从第一家书店购买；若 $p_1 > p_2$，则他将比较第二家书店和第三家书店的价格，若第二家书店的价格小于第三家书店的价格，他将会从第二家书店购买。他使用剩余的财富去购买其他商品。

1. 求出消费者的需求函数。

2. 这个消费者满足理性人的假设吗？

3. 考虑函数 $v(p_1, p_2, p_3) = w - p_{i^*}$，其中，$i^*$ 是给定价格为 (p_1, p_2, p_3) 时，他将会选择的书店。这个函数表示什么意思？

4. 解释：为什么 $v(\cdot)$ 在 p_i 上不是单调递减的。将它与经典消费者理论下的间接效用函数进行比较。

习题 B2（普林斯顿大学，2001）

1. 对于下列概念进行规范定义："$\succsim_1$ 和 $\succsim_0$ 比 $\succsim_2$ 和 $\succsim_0$ 更加接近"。

2. 将你的定义应用于所代表的偏好关系类，该关系可以用 $U_1 = tU_2 + (1-t)U_0$ 表示，其中 U_i 表示 $\succsim_i (i = 1, 2, 3)$。

3. 在消费者情景中考虑上述定义。记 $x_k^i(p, w)$ 是 $\succsim_i$ 对商品 k 的需求函数。证明：虽然 $\succsim_1$ 和 $\succsim_0$ 比 $\succsim_2$ 和 $\succsim_0$ 更加接近，但是在某些商品 k，价格向量 p 和财富水平 w 下，$|x_k^1(p, w) - x_k^0(p, w)| > |x_k^2(p, w) - x_k^0(p, w)|$。

习题 B3（普林斯顿大学，2002）

考虑一个消费者，他的偏好关系建立在一个两商品世界 X（一个加总消费量）和 M（例如，某家俱乐部的会员）之中。他可以选择消费或者不消费。换句话说，X 的消费量可以是任意的非负数，M 的消费量是 0 或者 1。

假设该消费者的偏好是严格单调，连续且满足以下性质：

性质 E：对于每一个 x，存在一个 y 使得 $(y, 0) \succ (x, 1)$。（即总存在某个数量的消费量，能够弥补会员身份的缺失。）

1. 证明：任意消费者的偏好都可以用以下形式的效用函数来表示：

$$u(x, m)=\begin{cases}x, & m=0 \\ x+g(x), & m=1\end{cases}$$

2. (相对简单)证明：这个消费者的偏好还可以有以下形式的效用函数表示：

$$u(x, m)=\begin{cases}f(x), & m=0 \\ f(x)+v, & m=1\end{cases}$$

3. 解释：为什么连续性和强单调性(没有性质 E)对于(1)来说不是充分条件。

4. 计算这个消费者的需求函数。

5. 采用(1)中的效用函数形式，推导这个消费者的间接效用函数。对于函数 g 是可微的情形，证明：对于商品 M，罗伊恒等式成立。

习题 B4(特拉维夫大学，2003)

考虑下列消费者问题：存在两种商品，1 和 2。该消费者拥有一定的禀赋。他的偏好满足单调性和连续性。在消费者面前有两个“交换函数”：他可以用 x 单位商品 1 交换 $f(x)$ 单位商品 2，或者他可以用 y 单位商品 2 交换 $g(y)$ 单位商品 1。假设消费者只能进行一种交换。

1. 证明：若交换函数是连续的，则该消费者问题存在答案。

2. 解释：若函数 f 和 g 是递增且凸的，偏好关系的强凸性为什么不是保证有唯一解的充分条件？

3. 解释以下陈述：函数 f 递增且凸。

4. 假设函数 f 和 g 是可微且凹的，它们的导数在点 0 处的乘积是 1。同时假设偏好关系是强凸的。证明：在这些条件下，该经济人不能找到两个不同的最优交换：一个是用商品 1 交换商品 2，另一个是用商品 2 交换商品 1.

5. 现在假设 $f(x)=ax$，$g(y)=by$。解释这个假设。找到这样一个条件使得对于消费者来说多于一个的交换都是无利可图的。

习题 B5(纽约大学,2005)

有个消费者,在有 K 个商品的世界里,他的偏好满足单调性、连续性和严格凸性。这些商品被分为两类,1 和 2,每一类分别有 K_1, K_2 个商品($K = K_1 + K_2$)。该消费者收到两种类型的货币:w_i 单位的类型为 i 的货币。i 类型的货币只能在给定的价格向量 p_i 下交换 i 类型商品。

在二维空间(w_1, w_2)上定义该引致偏好关系。证明:该偏好满足单调性、连续性和凸性。

习题 B6(纽约大学,2005;受 Chen, Lakshminarayanan 和 Santos 启发而得)

在一个实验中,给一只猴子 $m = 12$ 枚硬币。它可以用硬币来交换苹果或者香蕉。这只猴子面临着 m 个连续选择,它可以将一枚硬币交给有 a 个苹果的实验员,或者交给有 b 根香蕉的实验员。

1. 假设实验是重复进行的,且每一次 a, b 的值都不一样,但是每次实验中,猴子都会用 4 枚硬币交换苹果,8 枚硬币交换香蕉。

证明:该猴子的行为符合消费者行为的经典假设。(即他的行为可以用对商品束空间上的满足单调性、连续性和凸性的偏好的最大化来解释。)

2. 假设在随后的实验中,我们观察发现,当猴子拥有任意数量 m 枚硬币时,不管 a, b 的数值是什么,它都会用 4 枚硬币交换苹果,剩下的 $m-4$ 枚硬币交换香蕉。这个行为是否满足理性消费者模型?

习题 B7(纽约大学,2006)

考虑一个消费者,在一个两商品的世界里,他需要从预算集中作出选择。预算集是由系数(p, w)决定的。另外,还有一些额外的限制条件:商品 1 的消费量被限制在某个外部范围 $c \geqslant 0$ 以下。因此,该选择问题可以用以下形式表示:$B(p, w, c) = \{x \mid px \leqslant w, x_1 \leqslant c\}$。记 $x(p, w, c)$ 是消费者从 $B(p, w, c)$ 作出的选择。

1. 假定 $px(p, w, c)=w$, $x_1(p, w, c)=\min\{0.5w/p_1, c\}$。证明:该消费者的行为与以下假设一致。假设:需求是从某些偏好关系的最大化问题中推导而来的。

2. 假定 $px(p, w, c)=w$, $x_1(p, w, c)=\min\{0.5w/p_1, c\}$。证明:该消费者行为与偏好最大化一致。

3. 假设该消费者在最大化他的效用函数 $u(x)$的情况下选择他对 x 的需求。记他的间接效用函数为 $V(p, w, c)=u(x(p, w, c))$。假定 V 是"表现优秀的"。概述以下的想法:在 $\partial V/\partial c(p, w, c)>0$ 的情况下,如何从 V 推导出需求函数?

习题 B8(特拉维夫,2003)

想象一个消费者生活在 $K+1$ 的商品世界里,他按照以下方式行动:该消费者可以用向量 D 描述,该向量包含商品 1, …, K。若他能够购买 D,则他将会购买它并用剩下的钱购买商品 $K+1$;若他不能够购买 D,则他将不会购买商品 $K+1$ 并且会购买商品束 $tD(t\leqslant 1)$,其中在购买范围内,t 越大越好。

1. 证明:存在一个单调的凸偏好关系可以解释该行为模式。

2. 证明:不存在一个单调的连续偏好关系可以解释该行为模式。

习题 B9(纽约大学,2007)

在一个 K 商品的世界里,消费者最大化他的效用函数 $u(x)=\sum_k x_k^2$。

1. 计算消费者的需求函数。(无论何时它都是唯一定义的)。

2. 给出另外一个偏好关系(并不是 u 的单调转换),可以推出相同的需求函数。

3. 对于原始的效用函数 u,在 $K=2$ 的情况下计算间接偏好。该间接偏好于效用函数有什么关系?(在定义域($p_1<p_2$)回答即可。)

4. (1)中的偏好是可微的吗?(根据在课上给出的定义)

习题 B10（纽约大学，2008）

决策者在组（x_{me}，x_{him}）上有一偏好关系，其中 x_{me} 表示决策者自己能得到的钱，x_{him} 表示其他人能得到的钱，假设：

(i) 对于所有的 (a, b)，若 $a > b$，则相比 (b, a)，决策者更加偏好于 (a, b)。

(ii) 若 $a' > a$，则 $(a', b) \succ (a, b)$

决策者必须将 M 在他自己和另外一个人间进行分配。

1. 证明：这些假设保证他分配给其他人的资金绝不会多于给他自己的。

2. 根据假设(i)、(ii)，再加上假设(iii)：对于所有的 a 及 $\epsilon > 0$，决策者在 (a, a) 和 $(a-\epsilon, a+4\epsilon)$ 之间是无差异的。

证明：不过，他可能会平均分配资金。

3. 根据假设(i)、(ii)、(iii)，再加上假设(iv)：决策者的偏好是可微的（根据课上的定义）。

证明：在这种情况下，相比于其他人，他将会（严格）多分配给他自己。

习题 B11（特拉维夫大学，2010）

篮球教练考虑从集合 A 中购买一个球员。给定预算 w 及价格向量 $(p_a)_{a \in A}$，教练可以购买总成本不超过 w 的球员。在任意的预算 w 及价格向量 P 下，讨论下列每一个选择过程的合理性。

(P1) 消费者在心中有一个固定的 A 中的球员列表：a_1，…，a_n。从列表的第一个开始，当他挑选到第 i 个球员时，若在考虑之前的决定之后仍然没有超过预算，则教练会把他加到队伍名单然后用剩余的预算继续考虑列表中的下一个球员，直到球员已经超过预算或者他已经挑选了列表中所有的球员。

(P2) 他选择购买这样的球员组合，使得预算中剩下的钱是最少的。

习题 B12（纽约大学，2010）

在一个两商品的世界里，消费者按照以下方式行动：消费者在 $\mathbb{R}^2_+$

上有一偏好关系 $\succsim_S$。他的父亲在他儿子的消费商品束上有一偏好关系 $\succsim_F$。这两个偏好关系均满足强单调性、连续性和严格凸性。该父亲不允许他儿子去购买比商品束$(M, 0)$差(在他看来)的商品束。儿子在从预算集选择时会严格遵守他父亲施加的约束并最大化他自己的偏好。若他无法满足父亲的愿望,他将会最大化自己的偏好。

1. 证明:儿子的行为是理性的。

2. 证明:理性化这种类型的行为的偏好是单调的。

3. 证明:理性化这种类型的行为的偏好不必是连续或者凸的(你可以画图证明)。

4. (加分题)假设他父亲的指令是:在给定预算集(p, w)的情况下,他儿子不能去购买比$(w/p_1, 0)$"$\succsim_F$ 差"的商品束。则儿子会严格遵守他父亲施加的约束并最大化他自己的偏好。证明:儿子的行为满足若显示偏好定理。

习题 B13(纽约大学,2012)

一个消费者在 K 商品世界里决策。他心中有一个消费优先级的列表:序列(k_n, q_n),其中,$k_n \in \{1, \cdots, K\}$是其中一个商品,q_n 是数量(商品可能在序列中不止出现一次)。当面临预算集(p, w)时,他将根据优先级列表的顺序购买,直到超过他的预算。(当消费者的钱不足以购买 q_n 数量的商品时,那么他将尽可能多地购买 q_n 的一定比例。)

1. 对于 p_k, $p_j(j \neq k)$, w,第 k 种商品的需求将会如何变化?

2. 提出一个可以理性化该消费者行为的递增效用函数。

3. 使用你在第二个问题中提出的函数,在(p, w)的情况下,证明该消费者符合罗伊恒等式,其中,消费者在购买第 n 种商品时,刚好在购买目标数量之后把钱用完了。

习题 B14(特拉维夫大学,2013)

考虑一个消费者处于两商品世界里。他有两个连续的严格递增的评价函数 v_1, v_2,值域为$[0, \infty)$。当面临预算集 $B(p_1, p_2, w)$时,该消费者将比较 $v_1(w/p_1)$和 $v_2(w/p_2)$的大小并将所有钱花在能产生更高评价的商品上。(若两者评价一样,则他任意选择。)

1. 证明:该行为与在 R^2_+ 上最大化一个满足连续性、单调性和凸性的偏好是一致的。

2. 证明:该行为与在 R^2_+ 上最大化一个满足连续性、单调性和严格凸性的偏好是一致的。

3. 该需求函数满足"需求定理"吗?(当假设下降时,对该商品的需求是非减的。)

习题 B15(纽约大学,2013)

想象一个消费者在面临预算集 $B(p, w)$ 和一个 $1, \cdots, K$ 商品世界时,会分解为两个非空的小组 A 和 B,并进行两阶段操作。

阶段 1:他将 w 分配到这两个小组使得在组 (w_A, w_B) 上,函数 V 取得最大值。

阶段 2:他选择商品束 A 使得在给定 w_A 的情况下,在商品束 A 上的函数 u_A 取到最大值;独立地,他将选择商品束 B 使得在给定 w_B 的情况下,在商品束 B 上的函数 u_B 取到最大值。

1. 证明:若消费者是按照如下原则选择商品束(在 K 个商品上):最大化(荒谬的)效用函数 $\prod_{k=1,\cdots,K} x_k^{\alpha_k}$(其中,对于所有的 k, $\alpha_k > 0$,且 $\sum_{k=1}^{K} \alpha_k = 1$),则通过某些 (v, u_A, u_B) 以及上述过程就能实现这个目标。

2. 证明(1)中的断言在一般情况下是不正确的。举例来说,你可以(不是一定)观察一下 $K = 4$, $A = \{1, 2\}$, $B = \{3, 4\}$ 且效用函数为 $\max\{x_1, x_2, x_3, x_4\}$ 的情况。(注意:这是一个最大化而不是最小化函数。)

3. (难度更大)证明:若消费者按照上述过程操作,则有可能他的所有选择都不能被理性化。(在阶段 1,你可以选择一个简答的函数,比如 $v = \min\{w_A, w_B\}$。)

习题 B16(纽约大学,2014)

DM 需要决定如何在两个活动 1 和 2 之间分配预算。活动组合可以用((a_1, a_2))来表示,其中 a_i 表示活动 i 的水平。DM 的问题就是在给定预算 w 和价格向量((p_1, p_2))的情况下,选择一个活动组合。

两个顾问 A 和 B 也参与其中。每个顾问都会向 DM 提交一份建议。该建议可以最大化"在所有活动组合上的经典的可微的偏好关系"。假设不管预算是什么,对于活动 1,顾问 A 总是会比顾问 B 建议一个(弱)更高的水平。规范地,对于每一个活动组合((a_1, a_2)),A 的边际替代率(本地值的比例)严格比 B 大。

DM 收到这两份建议然后:

若两个顾问都建议某一项活动 i 的水平要比另外一个高,则 DM 将会遵循一个"温和建议",即更接近主对角线的那一个。

若顾问 A 建议给活动 1 更高的水平,而顾问 B 建议给活动 2 更高的水平,则 DM 将所有的预算平均分在这两个活动上。(即,在主对角线上的活动组合。)

1. 假设顾问 A 的目标是最大化 $2a_1 + a_2$(且在无差异的情况下只推荐活动 1);顾问 B 想要最大化 $a_1 + 2a_2$(在无差异的情况下只推荐活动 2)DM 的行为是否在一定意义上可以被理性化,即存在一个凹的单调偏好可以理性化 DM 的行为?

2. 将你的答案扩展任意两个满足问题假设的顾问上。

C. 不确定性

习题 C1(普林斯顿大学,1997)

决策者在集合 X 上构建了偏好,该集合由两类人群(如居住在两个地方)所有可能的分布组成。X 中的一个元素就是一个向量((x_1, x_2)),其中 $x_i \geqslant 0$,且 $x_1 + x_2 = 1$。决策者心中有两个考虑选项:

● 他认为,若 $x \succsim y$,则对于任意 z,"x 的权重为 $\alpha \in [0, 1]$ 和 z 的权重为 $(1-\alpha)$"所构成的组合,应该至少与"y 的权重为 $\alpha \in [0, 1]$ 和 z 的权重为 $(1-\alpha)$"时的组合一样好。

● 他对"完全集中于位置 1"的分布和"完全集中于位置 2"的分布是无差异的。

1. 证明：与上述两个原则相一致的唯一的偏好关系，就是退化的无差异关系（对于任意 x, $y \in X$，有 $x \sim y$）。

2. 当决策者的偏好关系用效用函数 $|x_1 - 1/2|$ 表示时，他认为这种表示是错的。为什么他是错的？

习题 C2（特拉维夫大学，1999）

Tversky 和 Kahneman(1986)给出了如下的实验：每个参与者都得到一份调查表，要求他们进行两个选择，即：从$\{a, b\}$中选择一项，从$\{c, d\}$中选择第二项。

a. 确定的利润为 240 美元。

b. 彩票：有 25%的概率获得 1 000 美元的利润，有 75%的概率获得 0 美元。

c. 确定的损失为 750 美元。

d. 彩票：有 75%的概率遭受 1 000 美元的损失，有 25%的概率损失 0 美元。

参与者将得到他所选择的这两个彩票的结果的总和。有 73%的参与者选择了 a 和 d 的组合。他们的行为合理吗？

习题 C3（普林斯顿大学，2001）

一个消费者必须在其知晓某一事件是否发生之前进行决策，该事件期望发生的概率为 α 且影响他的福利。当事件发生时，他给商品束 x 的消费赋予了一个 vNM 效用 $v(x)$；在事情不发生时，他给 x 的消费赋予了 vNM 效用 $v'(x)$。消费者必须选择一个商品束，以最大化他的期望效用 $\alpha v(x) + (1-\alpha)v'(x)$。由 v 和 v'推出的商品束集合上的偏好均满足关于消费者的标准假设。假设 v 和 v'都是凹的。

1. 证明：消费者偏好关系是凸的。

2. 消费者的间接效用函数与从 v 和 v'中推导出的间接效用函数之间有何关系？

3. 在市场中出现了一种新的商品："有一个离散的消息告诉消费者该事件是否发生"。这件商品可以在作出消费者决策之前购买。使用间接效用函数来描述该新商品的需求函数。

习题 C4(纽约大学,2006)

考虑这样的情形:有 K 个不同颜色的球。一个称为袋子的物品由向量 $x=(x_1, \cdots, x_K)$ 确定(其中 x_k 为非负整数,它说明了颜色为 k 的球的数量)。为方便起见,记袋子 x 中球的数量为 $n(x)=\sum x_k$。

一个个体对袋子中的球有一个偏好关系。

1. 给出一个情形,使得如下的假设有意义:

i. 对于任一整数 λ,有 $x \sim \lambda x$。

ii. 若 $n(x)=n(y)$,当且仅当 $x+z \succsim y+z$ 时,有 $x \succsim y$。

2. 证明:对于某些数值向量$(v_1, \cdots, v_k)$,由 $U(x)=\sum x_k v_k / n(x)$ 表示的任意偏好关系满足这两个公理。

3. 给出一个满足上述两条性质但不能被第二个问题中给出表达式表示的偏好关系。

习题 C5(纽约大学,2007)

一个教授的寿命在区间$[0, 1]$内。存在 $K+1$ 个学术排名,0,…,K。所有教授的排名为 0,最终上升至 K。将职业生涯定义为一个序列 $t=(t_1, \cdots, t_K)$,其中 $t_0=0 \leqslant t_1 \leqslant t_2 \leqslant \cdots \leqslant t_K \leqslant 1$,$t_k$ 表示一个教授获得第 k 次晋升所花费的时间(注意到一个教授可以在同一时间获得多次晋升)。将教授在所有可能职业集合上的偏好定义记为 $\succsim$。

对任意 $\varepsilon>0$,且对于任意职业 t 使得 $t_K \leqslant 1-\varepsilon$,定义 $t+\varepsilon$ 为职业 $(t+\varepsilon)_k=t_k+\varepsilon$(即所有的晋升时间推迟了 ε)。

下面给出了教授偏好的两个性质:

单调性:对于任意两个职业 t 和 s,若对于所有的 k 有 $t_k \leqslant s_k$,则有 $t \succsim s$;若对于所有的 k,有 $t_k < s_k$,则有 $t \succ s$。

不变性:对于每个 $\varepsilon>0$,且每两个职业 t 和 s,$t+\varepsilon$ 和 $s+\varepsilon$ 是明确定义的,当且仅当 $t+\varepsilon \succsim s+\varepsilon$ 时,有 $t \succsim s$。

1. 构造职业的集合 L,其中一个教授在同一时间收到所有 K 的晋升。证明：若 $\succsim$ 满足连续性和单调性，那么对于每一个职业 t 存在一个职业 $s \in L$ 使得 $s \sim t$。

2. 证明：由函数 $U(t) = -\sum \Delta_k t_k$（对某些 $\Delta_k > 0$）表示任意偏好满足单调性、不变性和连续性。

3. 一个教授按照一个职位晋升所需等待的最长时间来评价一个职业，时间越短，这个职业越好。证明：这些偏好不能由(2)中描述的效用函数来表示。

习题 C6（纽约大学，2008）

一个经济人必须在两个项目之间作出选择。每个项目的结果不确定。它可能失败或者产生 K 种"类型"中之一的成功。因此，每个项目 z 可通过一个包含 K 个非负数的向量$(z_1, \cdots, z_K)$来加以描述，其中 z_k 表示项目成功类型为 k 的概率。令 $Z \subset \mathbb{R}_+^K$ 为可行项目集。假设 Z 为紧的凸集，且满足"自由处置"。决策者追求期望效用最大化。将从第 k 种成功类型得出的 vNM 效用表示为 u_k，且对失败赋值为 0。因此，决策者选择一个项目（向量）$z \in Z$ 以最大化 $\sum z_k u_k$。

1. 首先，将决策者问题形式化。然后形式化（并证明）如下断言：若决策者突然之间对 k 类型的成功评价高于以前，他将选择一个将更高概率赋予 k 的项目。

2. 显然，决策者意识到存在额外的不确定性。世界可能会按照"一种方式或另一种方式"运行。第 k 种类型的成功的 vNM 效用有 α 的概率为 u_k，有 $1-\alpha$ 的概率为 v_k。在两种情况下的失败都为 0。

首先，将决策者新的问题形式化。然后形式化（并证明）如下断言：即使决策者获得相同的期望效用，若他提前知晓世界运行的方向，不确定性的存在仍会使得他不开心（至少不那么开心）。

习题 C7（纽约大学，2009）

对于任意非负整数 n 和数值 $p \in [0, 1]$，令(n, p)为彩票：以概率 p 获得 n 美元奖金，以 $1-p$ 的概率获得 0 美元。我们称此类型彩票为简单彩票。考虑简单彩票空间中的偏好关系。

若对于任意 $\alpha>0$，当且仅当 $\alpha p \oplus(-\alpha) r \succsim \alpha q \oplus(-\alpha) r$，有 $p \succsim q$，且对于任意简单彩票 p, q, r，有复合彩票也是简单彩票。

考虑这样一个偏好关系：满足独立性公理，对货币严格单调，对 p 连续。证明：

1. 对于 $n>0$，(n, p) 对 p 单调，即对于所有的 $p>p'$，有 $(n, p)>(n, p')$。

2. 对于所有的 n，存在唯一的 $v(n)$ 使得 $(1, 1) \sim (n, 1/v(n))$。

3. 它可用期望效用形式来表示：即存在增函数 v 使得 $pv(n)$ 是表示偏好关系的效用函数。

习题 C8（特拉维夫大学，2012）

决策者心中有一个函数 CE，解释为：对于每一个彩票 p，$CE(p)$ 为 p 的确定性等价。下面给出了推导此函数的两个过程：

过程 1：决策者心中有一个递增的 vNM 效用函数 u，且其答案满足 $Eu(p)=u(CE(p))$。

过程 2：决策者心中有两个递增的、连续的凹函数 g（解释为收入）和 l（解释为损失），两者满足 $g(0)=l(0)=0$。$CE(p)$ 是一个数值 x，它使得期望“损失”与期望“收入”相等，也即满足条件：$\sum_{y<x} p(y) l(x-y)=\sum_{y>x} p(y) g(y-x)$。

1. 解释为什么在上述两个过程下，$pD_1 q$ 意味着 $CE(p) \geqslant CE(q)$。

2. 解释为什么过程 1 允许在过程 2 中不可能的行为出现。

3. （难度更大）任意采用过程 2 的个人是否可以描述为按照过程 1 行事？

习题 C9（纽约大学，2012）

考虑彩票空间中的一个决策者，$Z=R$ 表示货币奖金。决策者给每个货币数量 z 赋定一个数值 $v(z)$。函数 v 为连续的增函数。决策者根据如下方式评价每个彩票 p：$U(p)=\alpha\{\max\{v(z) \mid z \in \operatorname{supp}(p)\}]+$

$(1-\alpha)[\min\{v(z) \mid z \in \text{supp}(p)\}]$。

1. 描述“风险厌恶”类型决策者的特征。

2. 证明：若有两个此类型的决策者（$\alpha=1/2$）拥有函数 v_1, v_2，且 $v_1 0 v_2^{-1}$ 是凹的，那么决策者 1 比决策者 2 更厌恶风险。

3. 课余习题：假设两个决策者使用 $\alpha=1/2$。对于决策者 1 比决策者 2 更加厌恶风险而言，$v_1 0 v_2^{-1}$ 为凹函数是一个必要条件吗？

习题 C10（纽约大学，2014）

考虑如下的拥有定义在 $L(Z)$（某个有限集 Z 中所有含奖金彩票的集合）上的偏好关系的家庭：DM 心中有一个对每个奖金 $z \in Z$ 赋定值 $v(z)$ 的函数。他将集合 Z 分解为两个集合 G 和 B，使得若 $g \in G$ 且 $b \in B$，则有 $v(g) > v(b)$。他通过以下方式评价任意彩票 p：$p(\text{supp}(p) \cap G)\max_{z \in \text{supp}(p) \cap G} v(z) + p(\text{supp}(p) \cap B)\min_{z \in \text{supp}(p) \cap B} v(z)$。

这些评价构成了他在 $L(Z)$ 上的偏好[其中 $p(A)=\sum_{z \in A} p(z)$]。

1. 用文字解释上述过程。

2. 证明：这种偏好关系既不满足独立性公理，也不满足连续性公理。

3. 证明：一个更弱的独立性性质成立：若 $\text{supp}(p)=\text{supp}(q)$，则对于每一个 $1>\alpha>0$，及每个 r，当且仅当 $\alpha p+(1-\alpha)r \succsim \alpha q+(1-\alpha)r$ 时，有 $p \succsim q$。

4. 用文字描述并形式化定义一个成立的“单调性性质”。

D. 社会选择

习题 D1（普林斯顿大学，2000）

考虑下面的社会选择问题：一个群组有 n 个成员，他们必须从包含三个元素 $\{A, B, L\}$ 的集合中做出选择，其中 A 和 B 为奖金，L 为以相同概率产生每个奖金 A 和 B 的彩票。每个成员在满足 vNM 假设的三个备择项上有一个严格偏好。证明：存在一个满足无关备择项独立性条件和帕累托公理(Par)的非独裁的社会福利函数。使这一结论与阿罗不可能定理辩证统一起来。

习题 D2(纽约大学,2009)

若存在三个偏好关系 $\succ_1$、$\succ_2$、$\succ_3$ 使得 $c(A)$ 是 $\succ_1$ 最大,除非 $\succ_2$ 和 $\succ_3$ 同意将另一个备择项作为 A 中最大的,否则,我们称选择函数 C 与"多数人否决了独裁者程序"是一致的。

1. 证明:这样的选择函数也许不可以理性化。

2. 证明:这样的选择函数满足下述性质:

若对于不同于 a 的 b 和 c,有 $c(A)=a$,$c(A-\{b\})=c$,则对于任意包含 c 的且为 $A-\{b\}$ 子集的 B,有 $c(B)=c$。

3. 证明:并不是所有的选择函数都能用"多数人否决独裁者程序"加以解释。

习题 D3(特拉维夫大学,2009;受 Miller(2007)启发所得)

近来,我们一直频繁使用术语"合理反应"。在此问题上,我们假设:该术语是根据个人在社会中关于问题"什么是一个合理的反应"的意见来定义的。

假设在某种情形下,可能的反应集是 X,且社会中个体集合是 N。

"合理性感知"被认为是合理的可能反应的非空集合。

社会合理性感知由函数 f 决定,该函数将一个合理性感知(X 的一个非空子集)赋给个人合理性感知的任意组合(X 非空子集的一个向量)。

1. 将下述命题形式化:

假设 X 中反应的数量大于社会中个体的数量,并且假设 f 满足如下四条性质:

a. 若在某一个确定组合中,所有个体都没有将某一个确定的反应视为合理的,则社会也不会将其视为合理的。

b. 所有个体拥有相同的状态。

c. 所有的反应具有相同的状态。

d. 考虑两个仅在某一个体的合理性感知不同的组合。在第一个组

合中由 f 决定的任意反应，若在第二个组合中，个人没有将其意见由合理改为不合理，则它仍然是合理的。

那么当且仅当至少一个人认为一个反应是合理的，则 f 决定它为社会合理的。

2. 证明：上述所有的四个性质都是该命题的必要条件。

3. 证明该命题。

习题 D4（特拉维夫大学，2010）

令 $\succsim$ 为 $\mathbb{R}^n$ 上满足如下性质的一个偏好关系：

弱帕累托条件（WP）：若对于所有的 i，有 $x_i \geqslant y_i$，则有 $x=(x_1, \cdots, x_n) \succsim y=(y_1, \cdots, y_n)$，且若对于所有的 i，有 $x_i > y_i$，则有 $(x_1, \cdots, x_n) \succ (y_1, \cdots, y_n)$。

独立性（IIA）：令 $a, b, c, d \in \mathbb{R}^n$ 为向量，使得当且仅当若 $c_i > d_i$，$c_i = d_i$，或 $c_i < d_i$ 时，在任意坐标中，相应地，有 $a_i > b_i$，$a_i = b_i$，或 $a_i < b_i$。那么当且仅当 $c \succsim d$ 时，有 $a \succsim b$。

1. 给出一个不同于由 $u_i(x_1, \cdots, x_n) = x_i$ 表示的偏好关系，且满足上述两个性质。

2. 证明：对于 $n=2$，存在 i，使得 $a_i > b_i$ 意味着 $a \succ b$。

3. 对(2)问中的结果给出一个“社会选择”解释。并解释其与阿罗不可能定理的不同之处。

4. 将(2)问的条件扩展至任意的 n。

习题 D5（纽约大学，2012；基于 Rubinstein(1980)）

一个个体对有限集合 $X(|X| \geqslant 3)$ 中的备择项组合进行比较。他的比较得出了明确的结论：或者有对 x 的评价优于 y（记为 $x \rightarrow y$），或者有对 y 的评价优于 x（记为 $y \rightarrow x$）。一种排序方法将 X 上的偏好关系 $\succsim(\rightarrow)$ 赋给每一个这样的关系 $\rightarrow$（即，完备的、无自反的且反对称的关系，但不一定是传递的）。考虑下述关于排序方法的公理：

(i) 中立性：“备择项的名称无关紧要”。规范地，令 σ 为 X 的一个排列，且令 $\sigma(\rightarrow)$ 为当且仅当 $x \rightarrow y$ 时，由 $\sigma(x)\sigma(\rightarrow)\sigma(y)$ 定义的关

系。那么当且仅当 $\sigma(x)\succsim(\sigma(\rightarrow))\sigma(y)$ 时，有 $x\succsim(\rightarrow)y$。

（ii）单调性：若 $x\succsim(\rightarrow)y$，则有 $x\succsim(\rightarrow')y$，其中只有当存在一个备择项 z 使得 $z\rightarrow x$ 和 $x\rightarrow' z$ 时，$\rightarrow'$ 不同于 $\rightarrow$。

（iii）独立性：任意两个备择项之间的排序仅取决于包含至少两种备择项之一的比较结果。

1. 定义 $N_{\rightarrow}(x)=|\{z\mid x\rightarrow z\}|$（评价不如 x 的备择项的数量）。若 $N_{\rightarrow}(x)\geqslant N_{\rightarrow}(y)$，解释为什么由 $x\succsim(\rightarrow)y$ 定义的得分方法满足上述三个公理。

2. 对上述中的每一个性质，给出一个排序方法的例子，使其满足其他两个性质但不满足剩下的一个性质。

3. 证明：上面给出的得分方法是唯一满足上述三个性质的方法。

习题 D6（特拉维夫大学，2013）

社会通常会寻找一个具有代表性的个人。为简单起见，假设社会中个体的数量为 2 的乘方（1，2，4，8，…）。每个人都是有限类型（集合 T 中的元素）中的一种。代表人方法（RAM）是一个函数 F，它将 $\{t_1,\cdots,t_n\}$ 中的一个元素赋给任一类型向量 $(t_1,\cdots,t_n)$。（其中 $n=2^m$，且每个 $t_i\in T$）。对 F 做出如下的假设：

（i）匿名性：对于任意 n 和任意 $\{1,\cdots,n\}$ 的排列 σ，我们有 $F(t_1,\cdots,t_n)=F(t_{\sigma(1)},\cdots,t_{\sigma(n)})$。

（ii）“代表人”是“代表人的代表”：

$$F(t_1,\cdots,t_n)=F(F(t_1,\cdots,t_{n/2}),F(t_{n/2+1},\cdots,t_n))$$

1. 描述满足这两个公理的 RAMs 的特征。

2. 提出一个 RAM，使其满足（i）但是不满足（ii）；再提出一个 RAM，使其满足（ii）但不满足（i）。

习题 D7（特拉维夫大学，2014）

若表达式 xPy（x 与 y 之间的关系）仅取决于两个向量的组成元素间的相等性，则我们称 $X=R^n$ 空间上的一个二元关系 P 满足性质 I。规范地，若对于任意四个向量 a，b，c 和 d 满足（i）$a_i=a_j\Leftrightarrow c_i=c_j$，

(ii) $b_i = b_j \Leftrightarrow d_i = d_j$，(iii) $a_i = b_j \Leftrightarrow c_i = d_j$，有 $aPb \Leftrightarrow cPd$，则称 P 满足性质 I。

将由 n 个不同数值构成的所有向量的集合为 $Y = \{x \mid \forall i \neq j, x_i \neq x_j\}$。

1. 给出一个在 X 上满足性质 I 的非退化偏好关系。证明:任意偏好关系满足性质 I:

2. 向量(1, 2, 3)与(4, 2, 5),(2, 3, 1)和(4, 5, 6)中的任意向量之间无差异。

3. 对于任意 i, y,任意满足 $x_i \neq y_j$ 的 x, $y \in Y$ 之间无差异。

4. 任意 x, $y \in Y$ 之间无差异,其中 x 是 y 的一个排列。

5. 任意 x, $y \in Y$ 之间无差异。

6. (难度更大)描述满足性质 I 的偏好关系的集合的特征。

参考文献

Arrow, K.J.(1963). *Social Choice and Individual Values*. 2d edition. New York: Wiley.

Arrow, K.J.(1970). *Essays in the Theory of Risk Bearing*. Chicago: Markham.

Arrow, K.J., and F.Hahn(1971). *General Competitive Analysis*. San Francisco: Holden-Day.

Bernoulli, D.(1954). "Exposition of a new theory on the measurement of risk." *Econometrica* 22:23—36.

Bowles, S.(2003). *Microeconomics: Behavior, Institutions, and Evolution*. Princeton, N.J.: Princeton University Press.

Chen, M.K., V.Lakshminarayanan, and L.Santos(2005). "The evolution of our preferences: Evidence from Capuchin-monkey trading behavior." *Journal of Political Economy* 114(3): 517—537.

Cherepanov, V., T.Feddersen, and A.Sandroni(2008). "Rationalization." Working paper, Kellogg School of Management.

de Clippel, G.(2011). "Implementation and Bounded Rationality." Working paper, Brown University.

Debreu, G.(1954). "Representation of a preference ordering by a numerical function." In *Decision Processes*, ed. R.Thrall, C.Coombs, and R.Davis. New York: Wiley.

Debreu, G.(1959). *Theory of Value*. New York: Wiley.

Debreu, G.(1960). *Mathematical Methods in the Social Sciences*. Stanford, Calif.: Stanford University Press.

Diewert, W.E.(1982). "Duality approaches to microeconomic theory." Chap.12 in *Handbook of Mathematical Economics*, vol.2, ed. K. Arrow and M.Intriligator. Amsterdam: North-Holland.

Dutta, B., M.O.Jackson, and M.Le Breton(2001). "Strategic candidacy and voting procedures." *Econometrica* 69: 1013—1037.

Eliaz, K., M.Richter, and A.Rubinstein(2011). "Choosing the two finalists." *Economic Theory* 46: 211—219.

Fishburn, P.(1970). *Utility Theory for Decision Making*. New York: Wiley.

Fishburn, P., and A.Rubinstein(1982). "Time preferences." *International Economic Review* 23: 677—694.

Geanakoplos, J.(2005). "Three brief proofs of Arrow's impossibility theorem." *Economic Theory* 26: 211—215.

Gilboa, I.(2009). *Theory of Decision under Uncertainty*. Cambridge: Cambridge University Press.

Gilboa, I., and D.Schmeidler(1995). "Case-based decision theory." *The Quarterly Journal of Economics* 110: 605—639.

Handa, J.(1977). "Risk, probabilities, and a new theory of cardinal utility." *The Journal of Political Economy* 85: 97—122.

Hicks, J.R.(1939). *Value and Capital: An Inquiry into Some Fundamental Principles of Economic Theory*. Oxford: Oxford University Press.

Hicks, J.R.(1946). *Value and Capital*. Oxford: Clarendon Press.

Hicks, J.R.(1956). *A Revision of Demand Theory*. Oxford: Clarendon Press.

Houthakker, H.S.(1950). "Revealed preference and the utility function." *Economica* 17: 159—174.

Huber, J., J.Payne, and C.Puto(1982). "Adding asymmetrically dominated alternatives: Violations of regularity and the similarity hypothesis." *Journal of Consumer Research* 9: 90—98.

Jehle, G., and P.J.Reny(1997). *Advanced Microeconomic Theory*. Boston: Addison-Wesley.

Kahneman, D., and A. Tversky (1979). "Prospect theory: An analysis of decision under risk." *Econometrica* 47: 263—292.

Kahneman, D., and A. Tversky (1984). "Choices, values, and frames." *American Psychologist* 39: 341—350.

Kahneman, D., and A. Tversky (2000). *Choices, Values, and Frames*. Cambridge, U.K.: Cambridge University Press.

Kalai, G., A.Rubinstein, and R.Spiegler(2002). "Comments on rationalizing choice functions which violate rationality." *Econometrica* 70: 2481—2488.

Kannai, Y., and B.Peleg(1984). "A note on the extension of an order on a set to the power set." *Journal of Economic Theory* 32: 172—175.

Kasher, A., and A.Rubinstein(1997). "On the question 'Who is a J?'": A social choice approach." *Logique et Analyse* 160: 385—395.

Kelly, J.S.(1988). *Social Choice Theory: An Introduction*. New York: Springer-Verlag.

Kreps, D.(1988). *Notes on the Theory of Choice*. Boulder, Colo.: Westview Press.

Kreps, D.(1990). *A Course in Microeconomic Theory*. Princeton, N.J.: Princeton University Press.

Kreps, D.(2013). *Microeconomic Foundations I: Choice and Competitive Markets*. Princeton, N.J.: Princeton University Press.

Luce, Duncan R.(1956). "Semiorders and a theory of utility discrimination." *Econometrica* 24: 178—191.

Luce, D.R., and H.Raiffa.(1957). *Games and Decisions*. New York: Wiley.

Machina, M.(1987). "Choice under uncertainty: Problems solved and unsolved." *Journal of Economic Perspectives* 1: 121—154.

Mandler M., P. Manzini, and M. Mariotti (2010). "A million answers to twenty questions: Choosing by checklist." Working paper.

Markowitz, H.(1959). *Portfolio Selection: Efficient Diversification of Investments*. New York: Wiley.

Mas-Colell, A., M.D.Whinston, and J.R.Green(1995). *Microeconomic Theory*. Oxford: Oxford University Press.

Masatlioglu, Y., and E.A.Ok(2005). "Rational choice with status-quo bias." *Journal of Economic Theory* 121: 1—29.

May, O.(1952). "A set of independent necessary and sufficient conditions for simple majority decision." *Econometrica* 20: 680—684.

McKenzie, L.(1957). "Demand theory without a utility index." *Review of Economic Studies 24*: 185—189.

Miller, A.D.(2007). "A model of community standards." Working paper.

Miyamoto, J.M., P.P. Wakker, H.Bleichrodt, and H.J.M.Peters (1998). "The zero-condition: A simplifying assumption in QALY measurement and multi-attribute utility." *Management Science* 44: 839—849.

Muller, E., and M.A.Satterthwaite(1977). "The equivalence of strong positive association and strategy proofness." *Journal of Economic Theory* 14: 412—418.

Plott, C.E.(1973). "Path independence, rationality, and social choice." *Econometrica* 41: 1075—1091.

Pratt, J.(1964). "Risk aversion in the small and in the large." *Econometrica* 32: 122—136.

Rabin, M.(1998). "Psychology and economics." *Journal of Economic Literature* 36: 11—46.

Rabin, M.(2000). "Risk aversion and expected-utility theory: A calibration theorem." *Econometrica* 68: 1281—1292.

Radner, R.(1993). "The organization of decentralized information processing." *Econometrica* 61: 1109—1146.

Reny, P. J. (2001). "Arrow's theorem and the Gibbard-Satterthwaite theorem: A unified approach." *Economic Letters* 70: 99—105.

Richter, M.K.(1966). "Revealed preference theory." *Econometrica* 34: 635—645.

Rothschild, M., and J.Stiglitz(1970). "Increasing risk I: A definition." *Journal of Economic Theory* 2: 225—243.

Roy, R.(1942). *De l'utilité*. Paris: Hermann.

Rubinstein, A.(1980). "Ranking the Participants in a Tournament." *Journal of the Society of Industrial and Applied Mathematics* 38: 108— 111.

Rubinstein, A. (1988). "Similarity and decision-making under risk." *Journal of Economic Theory* 46: 145—153.

Rubinstein, A.(1998). *Modeling Bounded Rationality*. Boston: MIT Press.

Rubinstein, A. (2002). "Irrational diversification in multiple decision problems." *European Economic Review* 46: 1369—1378.

Rubinstein, A. (2006a). "Dilemmas of an economic theorist." *Econometrica* 74: 865—883.

Rubinstein, A.(2006b). "A skeptic's comment on the study of economics." *Economic Journal* 116: C1—C9.

Rubinstein, A.(2012). *Economic Fables*. Cambridge: Open Book Publishers.

Rubinstein, A., and Y.Salant(2006a). "A model of choice from lists." *Theoretical Economics* 1: 3—17.

Rubinstein, A., and Y. Salant (2006b). "Two comments on the principle of revealed preference." Mimeo.

Samuelson, P. A. (1948). "Consumption theory in terms of revealed preference." *Economica* 15: 243—253.

Sen, A.(1970). *Individual Choice and Social Welfare*. San Francisco: Holden-Day.

Sen, A.(1993). "Internal consistency of choice." *Econometrica* 61: 495— 521.

Shafir, E., I. Simonson, and A. Tversky(1993). "Reason based theory." *Cognition* 49: 11—36.

Simon, H.(1955). "A behavioral model a rational choice." *Quarterly Journal of Economics*, 69: 99—118.

Slovic, P., and S. Lichtenstein(1968). "Relative importance of probabilities and payoffs in risk taking." *Journal of Experimental Psychology Monograph* 78: 1—18.

Tversky, A., and D. Kahneman(1986). "Rational choice and the framing of decisions." *Journal of Business* 59: 261—278.

Tversky, A., and E.Shafir(1992). "Choice under conflict: The dynamics of deferred decision." *Psychological Science* 3: 358—361.

Varian, A. (1984). *Microeconomic Analysis*. 2nd edition. New York: Norton.

von Neumann, J., and R.Morgenstern.(1944). *Theory of Games and Economic Behavior*. Princeton, N.J.: Princeton University Press.

Yaari, M.E.(1985). "On the role of 'Dutch Books' in the theory of choice under risk." Nancy Shwartz Memorial Lecture, reprinted in *Frontiers of Research in Economic Theory: The Nancy L. Shwartz Memorial Lectures, 1983—1997* ed. D. P. Jacobs, E. Kalai, M. I. Kamien, N.L.Shwartz, P.Hammond, and A.Holly. New York: Cambridge University Press.

Yaari, M.E.(1987). "The dual theory of choice under risk." *Econometrica* 55: 95—115.

译后记

《鲁宾斯坦微观经济学讲义》自出版以来受到了国内外经济学学者的极大推崇，其主要原因在于如下几点：首先，其包含的内容涉及消费者选择、生产者选择、不确定性下的选择以及社会选择问题，基本上涉及了现代高级微观经济学的核心内容，适合很多仅开设一个学期的中级或者高级微观经济学的教学；其次，该书引入了有限理性，这在同类型的微观经济学的教材中是很少见的；最后，该书在介绍微观经济学的概念时，也注重强调概念的直觉和现实意义，有助于加深读者对相关概念的理解。

本书由对外经济贸易大学国际经济贸易学院曹小勇教授负责翻译工作。在翻译工作中，秦小林同学给予了极大的帮助。同时本书的翻译工作还参考了该书的第一版翻译，在此对第一版的译者表示感谢。同时，译者也感谢格致出版社钱敏老师的邀请和信任。本书在翻译过程中得到了钱敏老师多次的建议，使得翻译的质量有了极大的改进。本书译稿完成后，译者的同事龚炯教授、殷晓鹏教授、王勇副教授通读了全稿，也给出了针对性的修改意见，他们也对本书在教学中的作用持积极的态度。最后，本书的翻译工作也得到了对外经济贸易大学教育教学改革项目的支持，在此一并表示感谢。

曹小勇

2019 年于对外经济贸易大学博学楼

图书在版编目(CIP)数据

鲁宾斯坦微观经济学讲义:第二版/(美)阿里尔·鲁宾斯坦著;曹小勇译.—上海:格致出版社:上海人民出版社,2019.2
(当代经济学系列/陈昕主编.当代经济学教学参考书系)
ISBN 978-7-5432-2971-6

Ⅰ.①鲁… Ⅱ.①阿… ②曹… Ⅲ.①微观经济学 Ⅳ.①F016

中国版本图书馆 CIP 数据核字(2019)第 015952 号

责任编辑 钱 敏
装帧设计 敬人设计工作室
吕敬人

鲁宾斯坦微观经济学讲义(第二版)
[美]阿里尔·鲁宾斯坦 著
曹小勇 译

出 版 格致出版社
上海三联书店
上海人民出版社
(200001 上海福建中路 193 号)
发 行 上海人民出版社发行中心
印 刷 浙江临安曙光印务有限公司
开 本 787×1092 1/16
印 张 12.25
插 页 3
字 数 170,000
版 次 2019 年 2 月第 1 版
印 次 2019 年 2 月第 1 次印刷
ISBN 978-7-5432-2971-6/F·1201
定 价 58.00 元

Lecture Notes in Microeconomic Theory: The Economic Agent, 2e

By Ariel Rubinstein

本书根据 Princeton University Press 2012 年英文版译出

2019 年中文版专有出版权属格致出版社

本书授权只限在中国大陆地区发行

上海市版权局著作权合同登记号:图字 09-2012-523 号

当代经济学教学参考书系

鲁宾斯坦微观经济学讲义(第二版)/阿里尔·鲁宾斯坦著
机制设计理论/提尔曼·伯格斯著
博弈论/迈克尔·马希勒等著
金融市场学/彭兴韵著
信息与激励经济学(第三版)/陈钊著
经济增长导论(第三版)/查尔斯·I.琼斯等著
劳动经济学:不完全竞争市场的视角/提托·博埃里等著
衍生证券、金融市场和风险管理/罗伯特·A.加罗等著
劳动和人力资源经济学——经济体制与公共政策(第二版)/陆铭等著
国际贸易理论与政策讲义/理查德·庞弗雷特著
高级微观经济学教程/戴维·克雷普斯著
金融基础:投资组合决策和证券价格/尤金·法玛著
环境与自然资源经济学(第三版)/张帆等著
集聚经济学:城市、产业区位与全球化(第二版)/藤田昌久等著
经济数学引论/迪安·科尔贝等著
博弈论:经济管理互动策略/阿维亚德·海菲兹著
新制度经济学——一个交易费用分析范式/埃里克·弗鲁博顿等著
产业组织:市场和策略/保罗·贝拉弗雷姆等著
数量金融导论:数学工具箱/罗伯特·R.雷伊塔诺著
微观经济学:现代观点(第九版)/H.范里安著
《微观经济学:现代观点》练习册(第九版)/H.范里安等著
现代宏观经济学高级教程:分析与应用/马克斯·吉尔曼著
政府采购与规制中的激励理论/让·梯若尔等著
集体选择经济学/乔·B.史蒂文斯著
市场、博弈和策略行为/查尔斯·A.霍尔特著
公共政策导论/查尔斯·韦兰著
宏观经济学:现代原理/泰勒·考恩等著
微观经济学:现代原理/泰勒·考恩等著
微观经济理论与应用:数理分析(第二版)/杰弗里·M.佩洛夫著
国际经济学(第七版)/西奥·S.艾彻等著
金融学原理(第五版)/彭兴韵著
新动态财政学/纳拉亚纳·R.科彻拉科塔著
货币理论与政策(第三版)/卡尔·瓦什著
全球视角的宏观经济学/杰弗里·萨克斯著
《微观经济学》学习指南(第三版)/周惠中著
《宏观经济学》学习指南/大卫·吉立特著
法和经济学(第六版)/罗伯特·考特等著
宏观经济理论/让-帕斯卡·贝纳西著
国际经济学(第五版)/詹姆斯·吉尔伯著
博弈论与信息经济学/张维迎著
计量经济学(第三版)/詹姆斯·H.斯托克等著
微观经济学(第三版)/周惠中著
基本无害的计量经济学:实证研究者指南/乔舒亚·安格里斯特等著
中级公共经济学/吉恩·希瑞克斯等著
应用微观经济学读本/克莱格·M.纽马克编
理性的边界/赫伯特·金迪斯著
合作的微观经济学/何维·莫林著
宏观经济学数理模型基础/王弟海著
策略:博弈论导论/乔尔·沃森著
博弈论教程/肯·宾默尔著
经济增长(第二版)/罗伯特·J.巴罗著
宏观经济学/查尔斯·琼斯著
经济社会的起源(第十三版)/罗伯特·L.海尔布罗纳著
政治博弈论/诺兰·麦卡蒂等著
发展经济学/斯图亚特·R.林恩著
宏观经济学:现代观点/罗伯特·J.巴罗著
合同理论/帕特里克·博尔顿等著
高级微观经济学/黄有光等著
货币、银行与经济(第六版)/托马斯·梅耶等著
全球市场中的企业与政府(第六版)/默里·L.韦登鲍姆著
经济理论中的最优化方法(第二版)/阿维纳什·K.迪克西特著